대한민국을 세운 독립운동가
이승만

대한민국을 세운
독립운동가

이승만

| **이한우** 지음 |

조선의 유생 이승만

몰락한 양반 집안에서 나다

유생儒生 이승만李承晚은 1875년 3월 26일(음력 2월 19일), 황해도 평산군 능내동(능안골)에서 몰락한 선비인 아버지 이경선李敬善과 독실한 불교신 자인 어머니 김해 김씨 사이에 6대 독자로 태어났다. 위로 형 둘과 누나 둘이 있었지만 형들은 어려서 천연두와 홍역으로 사망했다.

어머니의 나이 40을 막 넘고 있을 때였다. 어느날 용 한 마리가 하늘 에서 내려와 가슴에 안기는 꿈을 꾸었다. 태몽이었다. 그래서 3월 26일 에 태어난 건강한 아들의 이름을 '승룡乘龍'이라고 지었다.

이승룡이 태어난 1875년은 을해년 고종 12년이다. 당시 조선은 섭 정을 하다가 권력에서 밀려난 흥선대원군과 일본의 힘을 빌려 대원군을 제압하려던 왕후 민씨 간의 피비린내 나는 싸움이 막 시작되고 있었다.

그가 태어난 평산군 능내동에 대해 약간의 설명이 필요하다. 이승룡은 전주 이씨 양녕대군의 17대손이다. 증조부 이황李璜 때까지는 그런대로 행세를 하며 한양에서 살다가 어떤 이유에서인지 황해도 해주로 이사를 갔다. 그후 아버지 이경선 때 가세가 완전히 기울자 더 외진 평산군 능내동으로 이사를 했다. 가세가 기운 이유는 아버지의 방랑벽 때문이었다. 이경선은 1년의 절반 이상을 집 밖으로 돌며 주유천하周遊天下하는 게 일이었고, 집에 있을 때는 친구들을 불러 낡은 족보책이나 뒤적이며 집안의 옛 영화榮華에 관한 부질없는 한담으로 시간을 보냈다. 당시 몰락한 양반들의 전형적인 모습이었다.

이승만은 훗날 자신의 전기를 쓰는 사람들이 어린 시절에 대해 물으면 아버지보다는 어머니 이야기를 훨씬 더 많이 했다. 다음은 로버트 올리버 박사에게 전한 어머니의 모습이다.

어머니는 집안일로 늘 바빴지만 이승만의 교육을 소홀히 하지는 않았다. 그녀 역시 보수적인 옛 조선의 어머니였기에 과거 전통을 보존하고 전승하는 데 열심이었다.

이승만은 어머니로부터 낙천적 성격과 인내심을 물려받았다.

1877년 이승룡이 3살 때 아버지는 한양으로 가기로 결심했다. 살림 형편이 더 나빠졌기 때문이다. 하지만 한양으로 가도 5대 독자였던 이경선으로서는 손을 벌릴 수 있는 친척이 전혀 없었다.

한양에서도 아버지의 역마살은 조금도 바뀔 줄은 몰랐다. 그때 이경선의 동반자가 되어준 것은 서산나귀(중국산으로 보통 나귀보다 조금 크다)와 방위를 살피기 위한 나침반이 전부였다. 광복 직후 자신의 회고록을 쓰려던 시인 서정주에게 이승만은 다음과 같이 회고했다.

불시에 나귀 등에 올라앉아 방울소리를 울리며 집을 나서면, 두세 달 때로는 한 해가 기울어도 소식이 없다가, 문득 어느 눈 내리는 날 밤 다시 말방울 소리를 울리며 돌아오기가 일쑤였다.

아버지가 평생 조선을 소요逍遙했다면 아들은 훗날 지구를 소요하듯 떠돌게 된다.

개구쟁이 소년, 전통학문을 익히다

움막을 겨우 면한 집에서 살게 됐지만 어린 이승룡은 한양이 좋았다. 날씨가 황해도보다 따뜻했고 어울려 놀 수 있는 친구들도 많았다. 먹고 잘 때를 제외하고는 집에 붙어 있지 않았다. 노년까지 즐겼던 연날리기도 이때부터 즐기기 시작했다.

1880년 이승룡은 여섯 살이었다. 일본을 통한 개화의 물결이 조선을 덮치기 시작할 때였다. 그러나 어린 이승룡이 그런 흐름을 알 길은 없었다. 다만 다섯 살 때 시력을 잃을 뻔 하다가 일본인 안과의사의 치료덕분에 완치된 경험은 굳이 따지자면 일본과 체결한 강화도조약 덕분이었다고 할 수 있다. 당시 이승룡은 천연두를 앓았는데, 그때 천연두가 조선 천지를 휩쓸었다. 1879년 12월 왕세자(훗날의 순종)도 천연두에 걸렸다가 치유됐다. 지석영이 일본에서 들여온 종두법을 본격적으로 시험하기 시작한 때가 바로 그 해이다. 이승룡도 다 나았지만 후유증 때문인지 시뻘겋게 달군 부젓가락으로 양쪽 눈을 후벼 파는 듯한 통증이 계속되더니 앞이 보이지 않기 시작했다. 아버지 없이 어머니 혼자 백방으로 뛰어다니며 좋다는 한약재는 다 먹여봤지만 아무런 효과가 없었다. 이때 한 친척이 어머니에게 일본인 양의洋醫를 찾아가 볼 것을 권했다. 어머니는 고민 끝에 일본인 병원을 찾았다. 눈약 몇 방울 넣었을 뿐인데 불과 사흘 만에 눈병은 씻은 듯이 나았다. 이 일은 어린 이승만에게 근대의학의 위력을 심어주었다.

당시 있는 집안 자제들은 훈장을 초빙해 집안과 일가친척 아이들을 가르치도록 했다. 몹시 가난했던 이승룡의 집안 형편으로서는 엄두도 못 낼 일이었다. 그런데 아마도 어머니가 수소문 끝에 지금의 회현동 부근인 낙동洛洞에 서당이 열린다는 소식을 들었던 것 같다. 관직에서 물러나 있던 이건하李乾夏가 과부가 된 형수의 외아들 이범교李範喬를 가르치기 위한 것으로, 낙동과 도동 일대에 사는 양반집 아들 30여 명을 모아 글을 가르치기로 했던 것이다. 아이들은 이곳을 '범교네 서당'이라고 불렀다. 이경선 부부는 승룡이의 공부를 위해 염동에서 낙동으로 이사했다.

이건하는 전주 이씨로 1864년(고종1) 문과에 급제하고 좌승지·이조참의 등을 거쳐 1879년 도총부 부총관을 지내고 잠시 관직에서 물러났다. 이후 다시 관직에 복귀해 병조와 이조참판·판서 등을 지내고 특히 1890년 1월과 10월, 1892년 6월 세 차례에 걸쳐 서울시장격인 한성부판윤을 지냈다. 1910년 대한제국이 일제의 식민지로 전락하자 일본정부로부터 남작의 작위를 받았다.

이건하 집안에서 가난뱅이 선비 이경선의 어린 아들을 받아준 것은 같은 전주 이씨 집안이었기 때문이다. 이승룡은 서당에서 『천자문千字文』을 공부했다. 남보다 빠르지도 늦지도 않은 나이였다. 아이의 학습능력은 뛰어났다. 『천자문』을 통째로 암기한 이승룡은 이어 『동몽선습童蒙先習』을 배웠다. 늘 이승룡이 1등, 이범교가 꼴찌였다.

1882년 임오년, 이승룡이 여덟 살 되던 해 평소처럼 아이들과 함께 서당에서 글공부를 하고 있는데 갑자기 천지를 진동하는 폭음이 들려왔다. 동대문 밖 화약고가 터지는 소리였다. 잠시 후 현지를 돌아보고 온 사람들의 말에 따르면 왕후 민씨의 친일 노선에 불만을 품은 옛 군인들이 난을 일으킨 것이라고 했다. 임오군란이었다. 민초들은 대원군이 배후에서 조종한 옛 군인들의 폭동에 동조했다.

임오군란이 이승룡에게 준 영향은 보다 직접적이었다. 이건하 집안이 난리를 피해 충청도 아산의 산골로 피난을 가야 했던 것이다. 그 바람에 일시적으로나마 그 집을 이승룡과 어머니, 하녀인 복녀 이렇게 셋이서 지키게 됐다.

이승룡의 대갓집 생활은 2년 가량 이어졌다. 1884년 갑신정변이 끝나고 나서야 이건하 집안이 한양으로 돌아왔다. 아버지도 기력이 예전 같지 않아 오래전부터 선조들이 살았던 남대문 밖 남산 자락의 도동桃洞 (복사골) 골짜기로 이사했다. 지금의 서울 남대문경찰서 뒤쪽 우측 방향이다.

이때 이승룡은 열한 살이었다. 도동 우수현雩守峴 아래 오두막집이 그의 집이었다. 아호 우남雩南도 우수현 남쪽에 산다고 해서 붙인 것이다. 우雩는 기우제 '우'자다. 기우제를 지내던 마루턱 바로 아래 남쪽에 집이 있었다.

문리文理가 트인 이승룡은 같은 도동에 사는 이근수李根秀의 서당에서 본격적인 학문수련을 했다. 같은 전주 이씨 양녕대군파였던 이근수는 1864년 종친들을 대상으로 한 과거에 급제해 관직에 올랐다. 곧바로 홍문관 요직에 배치되었으나 한동안 어려움을 겪다가 1879년 2월 성균관 대사성, 4월 이조참의를 거쳐 1882년에는 좌부승지를 지냈다. 이근수는 양녕대군의 봉사손奉祀孫(제사를 모시는 후손대표)이었다. 이승만은 도동의 서당에서 조선 선비로서 학식과 인격을 갖추게 되었다. 이승만으로서는 과거科擧에 대한 스트레스만 뺀다면 자기 인생에서 가장 행복하게 보낸 10년일 지도 모른다.

좌절, 낙방을 거듭하는 과거

1887년 이승룡의 나이 열세 살이었다. 원래는 열다섯부터 과거를 볼 수 있었으나 그 해의 과거에 한해 동궁東宮(훗날의 순종)의 동갑인 열네 살까지 시험을 허락했다. 이승룡은 그보다도 한 살 어렸지만 아버지가 요령을 부려 시험에 응할 수 있었다. 그러나 결과는 낙방이었다. 이때 이승룡은 이름을 이승만李承晩으로 바꾸었고 아호도 우남으로 정했다. 어릴 때 이름을 버리고 아호를 갖게 됐다는 것은 조선사회에서는 독립된 성

이승만과 부친

인·선비가 되었다는 뜻이었다. 그의 과거 응시는 갑오개혁으로 과거제가 폐지될 때까지 계속 됐지만 끝내 급제에 이르지는 못했다. 부모님, 특히 아버지의 기대에 제대로 부응하지 못하는 듯하여 극심한 좌절감을 맛봐야 했던 시절이었다.

이미 그의 부모는 50세를 넘었다. 당시로서는 아주 많은 나이였다. 그가 과거를 마치고 집에 돌아오면 어머니는 아랫목에 묻어두었던 따뜻한 밥 한 그릇을 내었다. 이승만이 숟가락을 들면 아버지는 조심스럽게 물었다.

"그래 어찌 되었느냐?"

이미 표정만으로도 알 수 있었지만 그래도 혹시 하는 마음에 던져보는 것이다.

"……"

한동안 침묵이 흐른다.

"아직 저 아이 나이가 어린데 무슨 걱정이시오?"

어머니의 말씀이 아버지를 위로하는 데는 별 도움이 되지 못하였다.

이경선 부부와 청년 이승만은 여전히 세상의 변화에는 별 관심이 없었다. 오로지 과거만이 집안의 명예를 되찾아주리라 굳게 믿고 있었다.

배재학당에서 '새로운 세계'에 눈을 뜨다

과거에 낙방만 하는 청년 이승만에게는 자괴自壞와 방황의 하루하루가 이어졌다. '어떻게 살아가야 하나?'가 이무렵 이승만을 짓누르던 질문이었다. 그렇다고 딱히 길이 보이는 것도 아니었다. 이미 그도 가정을 이루고 있었기 때문에 생계의 책임도 두 어깨를 누르고 있었다. 그런 가운데도 집과 서당을 오가는 생활이 이어지고 있었다. 하루는 집에서 무의미한 시간을 보내고 있는데 세 살 많은 서당 친구 신긍우申肯雨가 찾아왔다. 이미 기독교로 개종해 개화당 활동에 적극적이었던 신면후의 세 아들 중 둘째인 신긍우는 1894년 9월 감리교 선교사들이 세운 배재학당을 다니고 있었다.

친구는 세상이 바뀌고 있다면서 서양문물과 외국어 공부를 익혀야 할 필요성을 강조했다. 또 생활이 어려운 이승만을 생각해 먹을거리도 가져다주었다. 처음에는 어머니가 주신 종교(유교)를 버릴 수 없다며 권유를 물리쳤지만, 신긍우의 거듭되는 설득에 못이기는 척 따라나선 것이 그로 하여금 서양문물에 눈뜨게 하는 운명적 계기가 되었다.

이승만이 신긍우의 안내를 받으며 배재학당을 방문한 첫날, 그를 반갑게 맞아준 사람은 1892년 조선에 들어온 배재학당 학술부장 윌리엄 노블William Noble 박사였다. 난생 처음 악수라는 것도 해보았다. 노블은 이승만을 반갑게 맞으며, 입학하여 미국 사람들에게는 조선말을 가르쳐 달라고 요청했다. 고심 끝에 이승만은 다음날 입학을 결심했다.

문제는 어머니였다. 이승만은 밖을 떠도는 아버지보다는 자신에게 지극정성을 다하는 어머니를 정신적 지주로 생각했다. 다행히 어머니의 반대는 그리 강하지 않았다. 걱정은 됐지만 아들을 믿어주었다. 이후 이승만은 영어 공부에 전력을 다했다. 배재학당 입학 결심은 일차적으로 영어를 배우려는 큰 야심 때문이었다고 밝힌 바 있다.

얼마 안가서 이승만은 영어에서 큰 두각을 나타냈다. 덕분에 이승만은 곧 노블이 말한 대로 서양식 병원인 제중원濟衆院의 여의사 조지아나 화이팅Georgiana E. Whiting의 조선어 개인교사로 뽑혔다. 자연스럽게 화이팅에게 영어도 집중적으로 배울 수 있었다. 머리가 좋고 매사에 적극적이었던 이승만은 입학한 지 1년도 안된 1895년 8월 초급 영어반의 교사로 발탁되었다.

배재학당 입학으로 영어 실력만 키운 것이 아니었다. 신긍우 외에도 이충구·윤창렬·이익채 등 개화청년들과 함께 어울리면서 근대적 정치

의식에도 급속히 눈 뜨고 있었다. 당시 배재학당에는 주시경周時經도 다니고 있었다. 함께 다녔던 동료들의 말에 따르면 "주시경은 한글을 연구하러, 이승만은 정치를 하러 배재를 다닌다"는 말이 널리 퍼졌다고 한다. 바로 이 무렵인 1895년 8월 20일(양력 10월 8일) 명성왕후 민씨가 일본 낭인들에 의해 시해당한 을미사변이 발생했다. 조선인들은 일본의 만행에 경악했다. 배재학당 동료인 이충구는 적극적인 행동에 나섰다. 일단 고종을 은밀하게 미국대사관으로 대피시킨 뒤 을미사변으로 들어선 친일내각을 타도하려 했던 그해 10월의 춘생문春生門사건에 깊이 관여했던 것이다. 춘생문 사건은 이듬해 주한 러시아대사관으로 고종이 피신하게 되는 아관파천의 전조前兆라 할 수 있다. 그러나 이 모의는 실패로 끝났고, 이충구는 체포돼 고문을 받다가 죽음에 이르게 되었다.

문제는 이승만이 직접 이 사건에 연루되지는 않았지만 사전에 이충구와 많은 논의를 했다는 것이었다. 실은 이승만도 가담하려 했으나 이충구의 만류로 좌절됐다. 당국은 이충구가 선교사의 조선어 교사임을 들어 같은 일을 했던 이승만에게도 비슷한 혐의를 두었다. 이윽고 11월 검거선풍이 일었다. 다행히 하녀 복녀가 제중원에서 조선어를 가르치고 있던 이승만에게 달려와 이승만의 지명수배 사실을 알려주어 머리에 붕대를 칭칭 감는 변장을 하고서 화이팅의 친구 지킵슨 부인의 집을 거쳐 황해도 평산에 있는 누이의 집으로 피신할 수 있었다. 이승만은 1896년 2월에야 돌아와도 좋다는 화이팅의 전갈을 받고 귀경하게 되었다. 그해 2월 11일 일어난 고종의 아관파천으로 내각이 교체됐기 때문이었다.

'개화의 스승' 서재필과의 운명적인 만남

서울로 돌아온 이승만은 단발을 결심했다. 이와 관련해 이승만은 "애비슨 의사가 나의 상투를 잘라주었는데 나는 그후 얼마 동안 어머니 곁에 가지 못했었다"는 짧은 기록을 남기고 있다. 애비슨은 화이팅 박사와 마찬가지로 제중원 의사였다. 배재학당에 입학할 때와 마찬가지로 그가 개화開化를 향한 결단을 할 때마다 전통적 유교집안의 부인으로 6대 독자였던 그를 끔찍이 위했던 어머니가 언제나 마음에 걸리는 대상이었다.

단발은 전통과 결별이었다. 이는 전적으로 홀로 내린 결단이었다. 그가 배재학당으로 돌아온 지 두 달 정도가 지난 1896년 5월 갑신정변의 주역 서재필徐載弼이 매주 목요일 배재학당에서 열리는 세계지리·역사·정치학 및 의사진행법 등에 관한 특강을 시작했다. 서재필은 워싱턴에서 개업의로 있다가 1895년 말 박영효의 요청으로 귀국해 있었다. 전통을 버리고 근대의 문턱을 넘긴 했지만 22살 청년 이승만에게 '근대 Modernity'는 여전히 모호하고 낯설고 위험한 '물건'이었다. 그때 같은 조선사람으로서 최고의 선진문물을 체화한 서재필이라는 인물이 존재한다는 것만으로도 이승만에게는 천군만마와도 같은 응원군이 되기에 충분했다. 게다가 서재필은 영어가 아닌 우리말로 미국식 민주주의의 실체를 알기 쉽게 설명해주어 큰 인기를 끌었다.

두 사람의 만남이 처음부터 순조로웠던 것은 아니다. 당시 이승만은 진취적이면서도 비판적인 청년이었다. 이승만은 자신의 『비망록Rough Sketch』에서 배재학당 입학 후 처음으로 아펜젤러가 하는 예배당 강연에 참석했을 때 일에 대해 이렇게 기록하고 있다.

"물론 나는 주의 깊게 들으려고 하지도 않았지만, 들은 것이 있었다면 그것은 비판을 하기 위해서거나 혹은 반박을 하기 위해서였다."

이런 마음은 서재필과 만남에서도 그대로 나타났다. 회의진행 절차를 설명하기 위해 하루는 서재필이 박수에 관해 가르쳤다.

"미국에서는 누가 일어나 자기주장을 할 때 그 뜻이 자신과 같으면 이렇게 두 손바닥을 쳐서 맞장구를 칩니다. 여러분도 남이 잘한다고 생각되거든 그렇게 해보시오."

그때 이승만은 '아무리 미국이 좋다 하여도 이런 것까지는 흉내 낼 필요가 없지 않은가'라는 생각이 들어 갑자기 큰 소리로 말했다.

"자, 그럼 우리 박수합시다!"

"좋으면 혼자서나 박수치는 것이지 남까지 똑같이 하자고 권할 것은 뭐야?"

깐깐한 성격의 서재필은 호통을 쳤다. 순간 강당 안은 웃음바다가 됐다. 그러나 이승만은 서재필의 강연에 흠뻑 빠져들었다. 그해 11월 말에는 서재필 지도하에 설립된 토론 모임 협성회에 가입해 서기를 거쳐 회장을 맡게 되었다.

이승만은 점차 우리말로 전하는 서구사상에 매료되기 시작했다. 민주주의라는 말도 처음 들을 수 있었다. 당시 상황에 대한 이승만의 회고다.

내가 배재학당에 가기로 하면서 가졌던 포부는 영어를, 단지 영어만을 배우고자 하는 것이었다. 그러나 나는 그곳에서 영어보다 훨씬 더 중요한 것을 배웠는데, 그것은 정치적 자유에 대한 사상이었다. 한국 사람들이 정치적으로 어떻게 억압받고 있었는지 조금이라도 아는 사람이라면 기독교 국가 시민들은 그들의 통치자들의 억압으로부터 법적으로 보호를 받고 있다는 사실을 생전 처음으로 들은 나의 가슴에 어떠한 변화가 있었던지 상상할 수 있을 것이다. 너무나 혁명적인 것이었다. 나는 '우리나라에서도 그와 같은 정치적 원칙을 따를 수 있다면 얼마나 좋을까' 하는 생각을 하게 되었다.

이런 변화의 첫 걸음은 협성회 참가로 구체화됐다. 협성회의 토론 주제는 처음에는 비정치적인 것이었다. 예를 들어 '배재학당에 한복을 입고 다닐 것인가 서양 옷을 입고 다닐 것인가' 혹은 '여성에 대한 교육이 필요한가' 등이었다. 그러나 점차 주제는 정치적인 것으로 옮겨갈 수 밖에 없었다. 이듬해 여름까지 계속된 협성회 주례 토론회가 이승만에게 미친 영향에 대해 이정식은 『이승만의 구한말 개혁운동』에서 이렇게 평가한다.

협성회는 이승만의 정치적 지식과 화술을 강화시켜 주었고, 또한 그가 필요로 하였던 자신감을 심어주었다. 그 결과로 이승만은 1897년 7월 8일에 있었던 배재학당 종강행사에서 연설을 하게 되었는데 이날은 이승만이 정치에 투신하게 되는 디딤돌 역할을 한 날이라고 말할 수 있다.

실제로 그랬다. 일개 학당의 졸업식이었지만 서울 장안의 식자들에게 이미 배재학당 협성회는 주목의 대상이 되기에 충분했다. 고종은 모습을 나타내지 않았지만 궁내부대신 이재순, 내부대신 박정양, 탁지부대신 심상훈 등 판서(장관) 등과 서울시장에 해당하는 한성부판윤 이채연, 미국 공사와 영국 총영사 등 졸업식이 열린 정동 감리교회당에는 600여 명의 귀빈들로 가득찼다. 23살의 청년 이승만이 선택한 연설제목은 「한국의 독립」이었고, 연설은 영어로 했다. 이 연설에 대해 스승 서재필은 『독립신문』 영문판에서 극찬을 아끼지 않았다.

그는 한국과 중국의 과거 관계를, 그리고 청일전쟁을 통한 한국독립의 성취 과정을 뒤돌아보고, 한국이 현재 직면하고 있는 과제들과 위태로운 사항에 대해 논의를 전개하였다. 그의 거침없는 말들은 관객들로부터 열렬한 박수를 받았다.

타고난 선동가 겸 언론인 이승만

23살에 '스타 개화청년'으로 떠올랐지만 그가 나아갈 수 있는 정치무대는 전혀 마련돼 있지 않았다. 이승만은 협성회 활동을 통해 대중계몽과 선동의 중요성을 이미 깨달았기 때문에 일단 방향을 그쪽으로 잡았다. 얼마간의 준비기간을 거쳐 그는 배재학당 졸업 이듬해인 1898년 1월 1일 협성회 초대회장이었던 양홍묵(梁弘默)과 함께 『협성회회보』를 창간했다. 실은 이승만은 1897년 7월 배재학당을 졸업한 직후부터 개화파의 본거지였던 독립협회에서 열성적으로 활동하기 시작했다.

당시 정국은 아관파천으로 러시아에 모든 이권이 넘어가고 있었다. 독립협회나 『협성회회보』 모두 일차 목표는 러시아였다. 특히 1898년 3월 10일 독립협회의 서재필·이완용·윤치호 등이 후원해 서울 종로 한복판에서 만민공동회가 열렸다. 주제는 러시아의 부산 절영도 조차요구 반대였다. 이미 독립협회는 고종을 비롯한 왕당파의 거센 견제를 받고 있었기 때문에 만민공동회의 연사는 배재학당 출신의 개화파 청년인 이승만·홍정후와 경성학당 출신의 현공렴이 맡았다. 1만여 명이 운집한 가운데 이승만은 사자후獅子吼를 토했고 실제로 러시아는 한걸음 물러섰다. 그가 이날 했던 연설은 3월 19일자 『협성회회보』 12호에 실렸다. 이후 이승만의 반反러시아 성향은 일생동안 계속되었다.

이 과정에서 이승만의 정치의식은 자연스럽게 조선의 독립과 민주주의 도입으로 모아지고 있었다. 당연히 대한제국 선포 등을 통해 오히려 군주제 강화를 모색하던 고종 세력과는 충돌이 불가피했다. 견제는 생각보다 일찍 왔다. 만민공동회의 성공을 만끽하고 있던 4월 2일 아펜젤러 교장이 검열을 거치지 않을 경우 배재학당 이름으로 더 이상 『협성회회보』를 낼 수 없다고 하는 바람에 폐간해야 했다.

곧바로 이승만은 유영석과 함께 작업에 들어가 일주일만인 4월 9일 한국 최초의 한글전용 일간지 『매일신문』을 발간했다. 그것은 사실 고종을 향한 선전포고나 마찬가지였다. 오죽했으면 아펜젤러는 이승만에게 급진주의적 사상을 지속할 경우 오래 살지 못할 것이라고 경고까지 했겠는가?

『매일신문』이 재정난 등으로 내부에 직면하자 이승만은 유영석·양홍

묵을 비롯한 몇 사람과 힘을 모아 『제국신문(뎨국신문)』을 창간했다. 8월 10일이 창간호 발행일이었다. 이 무렵 이승만은 혁명을 위해 『이스크라(불꽃)』을 발간하며 선동에 열을 올리던 레닌을 연상시킬 만큼 선동적인 혁명가의 면모를 보여주었다. 『제국신문』은 그후 이승만이 손을 뗀 후에도 나라가 망하던 1910년 8월까지 존속해 『황성신문』과 함께 조선인들의 권익을 대변하였다.

'농성'을 이끌어 고종 '황제'를 굴복시키다

1898년 7월 13일 독립협회는 이미 국가 대사에 백성들의 목소리도 한 몫 할 수 있게 해달라고 간청했다. 일종의 의회의 필요성을 제기한 것이다. 그러나 고종황제는 일언지하에 거절했다. 점차 부패한 고위각료 파면과 국민의회 설치요구가 거세지자 10월 12일 고종은 개화청년들의 지지를 받고 있던 박정양·민영환을 전면에 내세운 개각을 단행함으로써 유화 제스처를 취하기 시작했다.

박정양 내각과 독립협회의 타협으로 10월 29일에는 다시 서울 종로에서 관민官民공동회가 열렸다. 일단 이 공동회를 통해 독립협회측은 고종으로부터 수구파 대신 7인을 퇴진시키고 각종 개혁조치들을 실천하겠다는 언질을 받아냈다. 놀란 수구파들은 11월 4일 고종에게 독립협회가 공화정을 실시하려는 음모를 꾸미고 있다고 무고해 고종은 이상재를 비롯한 독립협회 간부 17명을 체포하고 독립협회를 강제해산시켰다. 독립협회를 중심으로 한 개화파가 절체절명의 위기를 맞았다.

이에 이승만은 배재학당 학생들과 일반 백성 수천 명을 규합해 경무청과 평리원(지금의 법인) 건물 앞에서 17명의 지도자 석방과 개혁 약속 이행을 요구하며 농성을 시작했다. 이때 이승만의 아버지까지 농성장에 찾아와 6대 독자이니 더 이상 말썽피우지 말고 집으로 돌아가자며 눈물로 호소했으나 이승만은 아버지의 요청마저 뿌리쳤다. 우리 역사상 최초라고 할 수 있는 근대적 농성 내지 시위는 닷새간 이어졌다. 결국 11월 10일 고종은 시위대의 요구를 받아들여 17명의 구속자를 즉각 석방하고 조병식·민종묵·유기환·김정근·이기동 등 수구 다섯 흉간凶奸을 처벌하겠다고 약속했다.

당시 이승만은 개혁진영 중에서도 급진파였다. 당초 관민공동회에서 고종이 약속했던 개혁방안 「헌의6조」 실현을 요구하며 인화문 앞에서 농성을 계속했다. 윤치호가 일기에 기록한 대로 농성은 점차 독립협회의 통제범위를 벗어났고, 현장의 지도자는 이승만이었다. 보수주의자들도 지방의 보부상들을 불러들였다. 11월 21일부터 23일까지 이승만이 이끄는 시위대는 수구파의 길영수吉泳洙가 동원한 보부상 2,000여 명과 몽둥이를 동원한 유혈참극을 벌였다. 이승만은 조금도 물러서지 않은채 싸움을 이끌어 마침내 11월 26일 고종의 타협안을 이끌어내는데 성공했다. 민권民權의 승리였다. 11월 29일 고종은 중추원 의관議官(종9품) 50명을 임명했다. 그 중에 독립협회 회원 17명이 포함됐고 이승만도 들어갔다.

중추원 의관은 비록 품계는 종9품이지만 의회의 맹아萌芽라는 점에서 의미가 있다. 물론 국민의 선출을 거친 것이 아니라 고종의 임명에 의한 것이긴 하지만 부분적으로나마 민의民意가 반영된 것이기 때문이다. 게다가 이승만 개인으로는 대한제국을 포함한 조선왕조로부터 처음이자 마지막으로 받은 관직이기도 했다.

12월 16일 소집된 제1차 중추원회의에서 승리감에 도취된 24살의 청년 이승만은 자기보다 열 살 많은 개화동지 최정덕崔廷德과 함께 새로운 대신大臣(각료)이 될 11명의 이름을 천거했다. 문제는 그 명단에 일본에 망명중인 박영효朴泳孝라는 문제의 인물이 포함돼 있었다. 고종이 볼 때 박영효는 한 마디로 '역적逆賊의 괴수'였다. 박영효는 조선 후기 명문가로 꼽히던 반남 박씨 박원양朴元陽의 아들로 1872년 철종의 유일한 혈육인 영혜옹주와 결혼하여 정1품 금릉위錦陵尉에 봉해졌다. 일찍이 개화지향적인 박규수·오경석·유대치 등의 가르침을 받고 김옥균·서광범·서재필 등과 함께 체제개혁을 목표로 하는 개화당을 조직하였다. 1882년 8월 수신사修信使로 일본에 파견돼 부분적으로나마 서양의 근대제도와 기술문명을 체험하고 돌아왔다. 귀국 후 그해 12월 서울시장격인 한성부판윤에 임명돼 신문제작을 시도하였으나 좌절되었다. 이어 신식군대 양성도 추친했으나 고종을 둘러싸고 있던 수구파의 견제로 실패했다. 나름의 제도개혁이 연이어 벽에 부딪치자 결국 그는 민씨 척족들을 몰아내기 위해 1884년 10월 갑신정변을 단행했다. 그러나 청나라 군대의 개입으로 3일 천하로 끝나고 만다.

이후 김옥균 등과 일본으로 망명한 박영효는 10년 후인 1894년 돌아오기까지 일본에서 지내면서 미국을 잠시 방문하기도 했다. 그나마 10년 만에 조국에 돌아올 수 있었던 것은 동학농민전쟁이 발생했기 때문이다. 조선 조정에 대한 실권을 장악한 일본의 주선에 의해 귀국한 그는 한동안 대원군파 등을 내몰고 최고의 권력을 장악하는 듯했다. 그러나 불과 1년만인 1895년 7월 명성왕후 민씨가 러시아 공사와 손을 잡으면서 박영효의 개혁추진은 수포로 돌아갔다. 이에 박영효는 왕비를 제거하고 고종을 폐위시키려는 음모를 꾸미다가 사전에 발각돼 다시 망명길에 올라야 했다. 의관 이승만은 바로 이런 인물을 내각에 임명해야 한다고 고종에게 건의를 했던 것이다. 망명 3년 반을 맞고 있던 박영효가 사람들을 시켜 귀국을 추진하는 과정에서 이승만도 그에 동조했다고 볼 수 있다.

그 댓가는 혹독했다. 미국이나 영국의 외교관들을 의식해 개화파의 요구를 수동적으로라도 들어주려던 고종의 인내심은 바닥이 났다. 열흘 후인 12월 25일 고종은 민회民會 금압령을 내려 독립협회와 만민공동회를 강제 해체시켰다. 1899년 1월 2일에는 이승만의 중추원 의관직도 박탈해버렸다. 이승만의 관직생활은 불과 1개월 4일만에 끝나고 말았다.

체포, 투옥 그리고 탈옥 실패로 재투옥

1899년 1월 2일 의관직을 박탈당하자마자 이승만은 몇몇 동지들과 함

투옥된 독립협회 회원들(1898. 12)

께 쫓기는 몸이 되고 말았다. 그는 남대문 근처에 있던 제중원 원장 애비슨의 집에 몸을 숨겼다. 이승만이 배재학당에 처음 갔을 때 만났던 그 애비슨이었다. 한동안 숨어지내는데 근처에 사는 또 다른 미국인 의사 해리 셔먼Harry Sherman이 왕진을 가야 한다며 통역을 부탁해왔다. 갑갑하기도 하고 수배령도 느슨해졌다고 판단한 이승만은 셔먼을 따라나섰다. 이 날이 1월 9일이다. 지금의 한국은행 맞은편 신세계백화점 자리에 있던 일본총영사관 앞을 지나는데 시위 제2대대 소독 군졸 최영식에게 체포돼 경무청으로 넘겨졌다.

셔먼은 자기 때문에 곤경에 처한 이승만을 위해 미국공사 알렌Horace Allen을 찾아가 그의 조속한 석방을 청탁했다. 알렌은 1월 17일 외부대신 박제순에게 이승만 석방을 요청하는 공문을 보냈고 더불어 감옥에서 이승만이 고문 등의 비인간적인 대우를 당하지 않도록 조처를 취했다. 박제순은 1월 24일 답신에서 아직 재판이 시작되지도 않았기 때문에 조금만 기다려달라고 했다.

그가 갇혔던 감옥은 서소문 근처에 있었다. 이승만이 알고 지내던 외국인 선교사들에게 힘을 써 최정식崔廷植·서상대徐相大와 한 감방을 썼다.

최정식은 『매일신문』에서 함께 논설을 맡았고 독립협회 활동도 같이한 적이 있는 개화의 동지이며, 서상대도 박영효의 측근으로 그와 가까운 인물이었다. 당시 감옥은 비교적 자유로워 외국인 친구들은 물론 배재학당 협성회 때부터 그의 동지였던 주시경도 수시로 찾아와 시국 정세를 전해주곤 했다.

문제는 여기서 발생했다. 투옥된 지 21일 만인 1월 30일 탈옥을 도모한 것이다. 1899년 7월 11일 평리원(고등재판소)에서의 판결 선고문을 보면 탈옥의 주범은 최정식이고 이승만은 종범으로 되어 있다. 이에 따르면 최정식이 "그대와 나는 모두 민회에서 저명한 사람인데 어찌 앉아서 죽기만을 기다리겠소"라며 탈옥을 권유하자, 이승만은 "내가 죄가 없는데 죽기야 하겠소"라고 소극적 답변을 한 것으로 되어 있다.

이들은 1월 30일 오전, 주시경이 구하여 최정식 집안의 식객인 최학주崔鶴柱를 통해 반입시킨 권총을 갖고 감시가 소홀한 틈을 타 탈옥을 결행했다. 이승만은 곧 바로 체포됐고 최정식과 서상대는 탈옥에 성공하지만 이후 최정식은 4월 24일 평안남도 진남포에서 체포됐고 서상대는 중국으로 망명했다.

1899년 7월 27일 고종의 최종 재가로 태笞 100대 및 종신징역으로 형이 확정돼 이승만은 가까스로 죽음을 면했다. 그러나 탈옥에 실패한 1월 30일부터 이때까지 6개월은 이승만으로서 는 하루하루 죽음에 대한 공포와 치열한 싸움을 벌어야 했다. 우선 닥친 것은 무지막지한 고문이었다. 1899년이라는 시기는 전근대적 형벌이 대부분 온존해 있었기 때문에 고문 또한 야만적이었다. 특히 탈옥 실패 후 체포돼 경무청 감옥으로 끌려간 그를 고문한 사람은 박돌팍朴達北이라는 인물로 황국협회 회원이었으며, 열렬한 왕당파였다. 그는 이승만의 도착을 손꼽아 기다리고 있었다. 이승만은 수시로 불려가 주리가 틀린 채 무수한 고문을 당했다. 로버트 올리버의 전기 『이승만』은 그의 생생한 증언을 바탕으로 당시 고문 상황을 소상히 적고 있다.

뒤로 돌려진 그의 팔은 살 속을 파고드는 끈으로 꽉 묶여 있었다. 무릎을 꿇은 다리 사이에 두 개의 나무를 끼우고 무릎과 발목을 묶어 그 뒤에서 두 명의 경리警吏가 통나무로 내리치고 있었다. 또 삼각형으로 날카롭게 깎은 대나무를 손가락 사이에 끼워 배에서 살점이 떨어져 나가도록 누르기도 했다. 매일 같이 마루 위에 엎어 놓고 살가죽이 빨갛게 벗겨질 때까지 대나무로 후려치기도 했다.

그때의 고통 때문에 그는 40년이 지난 1939년에야 비로소 붓글씨를 다시 쓸 수 있게 될 만큼 심한 후유증에 시달려야 했다. 고문과 같은 신체적 고통은 오히려 사형이 선고될지도 모른다는 심리적 불안감에 비하면 훨씬 나은 것일 수도 있다.

판결을 앞둔 그가 느꼈던 죽음에 대한 불안감이 어느 정도였는지를
보여주는 일화가 있다. 그는 이제 다시는 가족들을 만나지 않겠다는 결
심을 하고 부친께 '불효한 자식 하나 안 두신 셈 치시고 길이 잊으시옵소
서'라고 유서를 썼다. 언제라도 사형이 집행되면 옆 사람에게 전할 요량
으로 몸에 끼고 있었는데 어느 날 해질 무렵 문득 이승만이 투옥돼 있었
던 제5칸 감방 문이 열리며 옥리獄吏가 들어섰다. 이승만은 '이제 틀림없
이 내 차례구나'라고 생각하고 가슴팍에 있던 유서를 재빨리 옆 사람에
게 전달했다. 그러나 옥리는 이승만의 유서를 받아 든 그 사람을 끌고나
갔다. 하루에도 몇 번씩 생과 사를 오가야 했던 이런 극한체험은 이승만
으로 하여금 머리속으로만 이해하던 기독교를 마음으로 받아들이게 하
는 계기가 됐다. 탈옥 실패에서 종신형 판결까지 7개월 가까이 목에는
10kg이 넘는 무거운 칼을 쓰고 손발을 묶인 채 독감에 수감돼 있던 그
의 귀에 어느 날 배재학당 예배시간에 듣던 설교가 떠올랐다.

"하느님, 내 나라와 내 영혼을 구하옵소서!"

그러면 어느 순간 마음이 평온을 되찾았다.

7월 11일 운명의 날. 재판장 홍종우는 전혀 뜻밖에도 이승만에게 태笞
100대 및 종신징역이라는 판결을 내렸다. 탈옥과정에서 간수에게 총을
쏘았던 최정식에게는 사형이 선고됐다. 이승만이 사형을 면할 수 있었
던 것은 고종의 정치적 배려 때문이었다. 알렌 공사를 비롯한 미국 선교
사들의 석방 내지 감형 청탁이 이어진데다가 이승만이 왕족의 일원이라
는 점도 작용했다.

태 100대란 태형 중 최고형으로 만일 이 형刑이 제대로 집행됐다면 이승만은 목숨을 잃거나 정상인으로 살기 어려웠을 것이다. 특히 태형 집행을 맡은 옥리는 이승만의 탈옥사건 때 총상을 입은 김윤길金允吉이란 사람이었고 재판장 홍종우도 관례에 따라 입회했다. 그러나 홍종우는 매질이 시작되려는 순간 나가 버렸고 김윤길은 매질하는 시늉만 했다. 6대 독자를 걱정한 부친이 그들에게 뇌물을 제공했기 때문이라는 설이 있다.

한성감옥 안에서
새롭게 태어나다

몸은 갇히고 정신은 해방되다

이승만이 감옥에 있었던 만 5년 7개월 동안은 그가 일생 동안 간직하게 될 사상의 틀과 인맥 등이 대부분 형성됐다는 점에서 그의 생에 전체와 관련해 중대한 의미를 갖는다. 장기적 관점에서 보자면 이 시기는 몸은 갇혔지만 정신은 해방되던 시간이었다고 할 수 있다. 그는 감옥 안에서 활동을 『제국신문』에 계속 논설을 써 자유와 평화의 메시지를 전파하는 한편 군주제를 폐지하고 공화정을 실시해야 한다는 구상까지 구체화했다. 국권을 지키기 위한 방법으로 외교론을 정립하게 된 것도 이때였다. 기독교로 개종한 것도 감옥에서였다. 이런 점에서 청년기의 감옥 시절은 고통의 시기이기도 했지만 앞으로의 사상적·정치적 발전을 위한 밑거름이 만들어진 계기였다.

최종선고를 받은 기결수 이승만이 수감생활을 했던 한성감옥(서)를 유영익의 연구를 바탕으로 재현해 본다. 원래 감옥서에 해당하는 조선 때의 기구는 전옥서典獄署였으나 1894년 갑오개혁 때 감옥서로 바뀌었다. 원래는 서울 종로구 서린동 지금의 영풍문고 근처에 있었다 해서 종로감옥으로 불렸는데 개수작업을 위해 한동안 서소문 쪽으로 옮겼다가 1900년 4월 원래의 위치로 돌아왔다. 이승만이 수감생활을 시작한 것은 서소문 쪽에 있을 때였다. 그러다가 이승만도 서린동 쪽으로 옮겨왔을 것이다.

여기에는 붉은 벽돌로 된 2동의 건물이 있었다. 한 방에는 15명을 수용해 1인당 공간은 0.23평이었다. 감방 생활과 위생상태는 너무 열악했다. 한성감옥에 투옥되었던 일본육사출신 장교 김형섭은 감방의 모습을 이렇게 증언했다. "마치 바구니 속에 서로 겹쳐 밀치락 달치락 거리는 미꾸라지들 같았다." 체취와 땀 냄새는 말 할 것도 없고 대소변의 악취가 진동했다. 벼룩과 이로 인한 고통도 극심했다. 이승만의 한시집 『체역집』에는 벼룩·모기·이·쥐 등을 주제로 쓴 한시들이 있다.

급식상태 또한 비참하기는 마찬가지였다. 팥밥과 콩나물 소금국이 전부였는데 그나마도 옥리들이 다 떼먹는 바람에 숟가락을 휘저어봤자 잡곡 몇 알과 맹물이 전부였다. 그릇은 도저히 음식을 담을 수 없을 만큼 불결했다. 그나마도 하루에 두 끼가 전부였다.

옥살이의 고통을 잊게 해준 친구들

일단 사형을 면한 이승만이 기대했던 것은 특별한 사면이나 감형이었다. 종신형은 너무 길었다. 그처럼 열악한 상황에서 장기간 감옥생활을 하게 될 경우 옥중에서 생을 마치게 될 수도 있었다. 다행히 1899년 12월 12일과 22일 연거푸 감형 조치가 내려져 일단 이승만의 형기는 10년으로 단축됐다. 아버지는 아펜젤러 등을 찾아다니며 아들의 석방운동을 벌였고 이승만도 수시로 세도가인 한규설韓圭卨에게 편지를 보내 특사나 석방을 요청했다.

이 무렵 한규설은 민영환과 함께 조정 내의 든든한 후원자였다. 한규설은 무과에 급제한 뒤 여러 벼슬을 거쳐 형조와 공조의 판서를 역임하고, 한성부판윤을 거쳐 1905년(광무9) 참정대신參政大臣이 되어 내각을 조직하였으나, 그해 을사늑약을 체결하게 되자 일본인 전권대사 이토 히로부미가 각료들에게 개별적으로 찬부贊否를 물을 때 끝까지 이에 반대하는 바람에 조약이 체결된 후 파면되었다. 뒤에 중추원 고문과 궁내부 특진관 등을 지내지만 1910년 국권피탈 때 일본정부가 내린 남작 작호를 거부하고 오랜 칩거생활에 들어갔다가 1920년 이상재 등과 함께 조선교육회를 창립해 민립대학설립운동을 전개했다.

배재학당의 헨리 아펜젤러, D. A. 번커, 제중원의 올리버 애비슨, 호레이스 언더우드, 제임스 게일 등도 옥중의 그를 자주 찾았던 미국인 친구들이다. 이들이 이승만을 좋아했던 것은 영어를 열심히 공부하는 이승만이 기특하기도 했겠지만 기본적으로는 종교적 동기였을 것이다. 특히 이승만이 영어와 기독교에 열심이고 연설 능력도 뛰어나 대중을 끄는 힘이 있다는 것을 이들은 이미 잘 알고 있었기 때문에 장차 '현지의 전도사'로 적격이라고 여기고 물심양면으로 도와주었던 것으로 보인다.

1900년 해가 바뀌면서 이승만은 더 이상 조기석방을 위한 노력을 포기하였다. 대신 같은 해 2월 14일 김영선이 새로 서장으로 부임하면서 이승만의 처우는 특별대우로 바뀌게 되었다. 이후 이승만이 감옥 안에서 펼친 각종 활동은 전적으로 신임 서장 김영선의 배려 때문이었다.

유영익은 한규설이 김영선에게 간곡하게 부탁해 이승만을 우대했을 것이라고 본다. 한규설과 김영선은 그전부터 절친한 사이였다. 한규설은 1885년 포도대장으로 있을 때 유길준을 보호해주었고, 1989년 중추원 의장으로 있을 때는 뒤에서 독립협회가 추진 중이던 의회설립운동을 지원했으며 고종 측근 중에서 박정양·민영환 등과 함께 친미파 내지 정동파의 핵심이었다. 정치적 세계관이 이승만과 거의 일치했던 것이다.

개종, 옥중학교, 옥중도서관

어려서 실명失明위기까지 갔다가 안약 몇 방울로 눈병을 치료했던 체험은 이승만에게 서구의 과학기술에 대한 신뢰로 남아 있었다. 이어 배재학당에 첫발을 들여놓음으로써 개종改宗을 예비하게 된다. 억지로라도 채플 시간에 듣게 되는 성경이야기는 반감을 불러일으키기도 했지만 뭔가 인상적인 구절도 심어주었다. 특히 이승만은 1900년 전에 부활한 예수의 이야기가 특이했다는 언급을 자주했다. 그러나 배재학당시절 이승만에게 기독교, 특히 예수에 대한 관심은 민주주의에 대한 호기심만큼 크지는 않았다.

이승만이 결정적으로 마음 속 깊은 곳에서 기독교의 문제를 다시 생각하게 된 것은 탈옥실패 후 재판을 기다리며 죽음의 상황과 직면했을 때다. 훗날 자신이 영문으로 작성한 「투옥경위서」에 이와 관련된 언급이 나온다.

미국 선교사들이 한국에 도착하기 시작한 직후 우리 한국인은 어떻게 선교사들이 하와이 군도에 가서 그곳 원주민들을 다수 기독교로 개종시켰는지를 알았다. 그리고 선교사들 뒤에 미국 기업가들이 따라와서 원주민과 장사를 하면서 원주민들에게는 별로 이익을 끼치지 않고 자기들만 치부致富하고 있었다(는 것도 알았다). 그리고 우리는 미국 선교사들이 한국에 오기 조금 전에 미국정부가 이 섬들을 모두 병합하여 그 영토의 일부로 만들었으며 이 과정에서 하와이인들의 여황이 폐위되었음을 알았다. 따라서 우리 한국인은 당연히 우리나라에 대해서도 똑같은 운명이 계획된 것으로 생각하였다. 미국인들이 일본과 중국 그리고 한국으로 하여금 문호를 개방하고 통상을 하도록 강요한 다음 선교사들이 왔기 때문에 우리로서는 그렇게 생각하지 않을 수 없었다.

이미 이승만도 선교에 내포된 제국주의적 의도를 알고 있었다. 그러나 생사의 갈림길에서 겪어야 했던 극한 체험은 그마저도 뛰어넘게 했다. 이승만은 일단 결심을 하고나면 더 이상 좌고우면左顧右眄하지 않고 모든 정열을 자신의 선택에 쏟아붓는 인간형이었다. 그는 은밀한 방법을 통해 셔우드 에디Sherwood Eddy 박사로부터 『신약성서』를 입수할 수 있었다. 그리고 감옥을 찾아온 아펜젤러·언더우드·벙커 등 선교사들의 도움으로 성경의 의문나는 점들을 풀어나갔다.

감옥생활이 1년 쯤 지났을 때 이상재李商在·이원긍李源兢·김정식金貞植·홍재기洪在箕 등 독립협회의 옛 동지들이 다른 시국사건에 연루돼 이승만이 있던 한성감옥에 들어왔다. 이승만은 이들을 설득했고 자연스럽게 그들과 함께 성경공부에 몰두하며 기독교 신앙을 마음 속 깊은 곳에서 받아들였다. 마침내 1902년 12월 28일에는 감옥 안에서 예배도 드릴 수 있었다. 실제로 이승만은 감옥 안에서 40여 명을 개종시켰다고 한다. 특히 그들 중에는 간수장 이중진李重鎭과 그의 동생 이중혁李重爀이 포함돼 있어 눈길을 끈다. 이중혁은 몇 년 후 출옥하는 이승만이 미국으로 건너갈 때 동행하게 된다.

정치인으로서의 이승만과 관련해 감옥시절이 중대한 의미를 갖게되는 또 한 가지 이유는 이곳에서 인맥人脈을 형성한 점이다. 1902년 1월 30일 그가 갇혀 있던 감옥에 어린 시절 글벗이며 배재학당 동문인 신흥우申興雨가 3년 징역의 유죄판결을 받고 들어왔다. 뒤이어 일본에서 교육받은 소장 장교들로 쿠데타 실패와 관련된 장호익張浩翼과 그의 동료들이 대거 들어왔다. 이들 중에는 유길준의 친동생인 유성준도 포함돼 있었는데 이승만은 특히 유성준과 가까이 지냈다.

6월이 되어 독립협회 간부였던 이상재·이원긍 등 개화파의 건물들이 대거 들어왔다. 이들의 죄목은 '정부 전복을 기도했다'는 것이다. 그리고 이준李濬·양기탁梁起鐸·안국선安國善 등이 함께 있었고 그밖에 훗날 미주 활동시 그의 최대 정적政敵이 되는 박용만도 들어와 있었다. 당시의 개화파 젊은이들은 이곳에 다 모인 셈이었다.

1903년 1월 19일자 『황성신문』에는 다음와 같은 기사가 실려 있다.

옥수교육獄囚敎育 감옥서장監獄署長 김영선金永善씨가 …… 월전月前부터 감옥서 내에 학교를 설립하고 죄수를 교육하는데 교수는 이승만李承晚, 양의종梁義宗씨요, 교과서는 개과천선할 책자요, 영어英語, 산술算術, 지지地誌 등 서로 열심히 교도하는 고로 ……

이 점은 이승만이 1905년 『신학월보』 5월호에 기고한 기명 논설「옥중 전도」에 나오는 구절을 통해서도 확인된다. 옥중에서도 국민 계몽의 과제를 지속적으로 수행했던 것이다.

다행히 본서장 김영선 씨와 간수장 이중신 씨가 도임한 이후로 옥정도 차차 변하여 진보한 것이 많거니와 총명한 아이들을 교육할 일로 종종 의논하다가 작년 음력 구월(1902년 10월경)에 비로소 각간에 있는 아이 수십명을 불러다가 한 칸을 치우고 '가갸거겨'를 써서 읽히니 혹 웃기도 하고 혹 흉도 보고 혹 책망하는 자도 있는지라

옥중학교와 함께 또 하나 흥미 있는 일은 옥중도서관 운영이었다. 도서관이 설치된 시기는 학교설립과 거의 같은 1902년 12월경이었다. 크

리스마스 때 옥중에서 관원과 죄수들이 회식을 하기 위해 돈을 모든 것이 계기가 된 듯하다. 이 소식을 들은 외국인 선교사들이 추가로 돈을 내고 해서 책을 구입하고 책장도 만들어 그런 대로 구색을 갖춘 도서실이 감옥 안에 생겨났다. 이승만이 주도적 역할을 했음은 물론이다. 이와 관련해 『신학월보』에 기고한 글에서 "영서·국문·한문의 모든 서책이 지금 있는 것이 250여 권인데 처음 15일 동안에 책 본 사람이 268인이요, 지난 달은 한 달 동안 모두 249인이다"라고 적고 있다.

영어사전 편찬에 도전하다

그의 옥중 동지 신흥우는 옥중의 이승만에 관해 이런 증언을 남겼다.

> 우남은 『화영사전(일영사전)』을 가지고 있었고 아펜젤러와 벙커씨는 옥중으로 『뉴욕 아웃룩New York Outlook』과 『독립신문』을 들여보내 주었다.

이승만은 항아리 속에 양초를 숨겨두고서 밤에도 영어 공부에 열중했다. 그러면서 영국·중국·일본 등지에서 발행되던 일간지와 각종 잡지 등도 읽어나갔다. 이때 이승만은 일본어도 읽을 수 있는 수준이었다. 당시 이승만의 독서 내용과 방향을 면밀하게 조사한 유영익은 이승만이 관심을 쏟았던 탐구분야의 우선 순위를 다음과 같이 매겼다. 기독교 신앙서적이 압도적으로 많았고 이어 역사서·법률이나 외교 등 시사관련서적과 문화서적 순이었다. 특히 이승만이 읽고 또 읽은 것은 『신약성서』

와 존 번연의 『천로역정Pilgrim's Progress』이었다고 한다. 물론 영어로 된 것들이었다.

옥중의 이승만에게는 영혼 구제도 중요하지만 나라 구제가 더 시급한 일이었다. 역사나 국제정세를 다룬 책들도 열심히 탐독했다. 이는 배재학당에서 배운 초보적 신학문을 통해 눈뜬 서구 문물에 대한 식견이 본격적으로 체계화되기 시작했음을 뜻한다. 특히 정치에 관심이 많았던 그로서는 이런 서적들을 통해 나름대로 서구적 정치관을 세워갔을 것이 분명하다.

어느새 이승만은 미국인 감리교 선교사 영 알렌과 중국인 채이강이 함께 한문으로 쓴 청일전쟁사인 『중동전기본말中東戰紀本末』과 윌리엄 스윈턴의 『세계사』 등을 즐겨 읽으며 『중동전기본말』은 『청일견긔淸日戰紀』라는 제목으로 한글로 번역했고, 스윈턴의 책은 『만국사략萬國史略』이라 해서 번역했다. 그는 영어·한글·한문을 자유자재로 넘나들고 있었다. 또 감옥에는 유길준의 동생 유성준도 들어와 있었는데 그의 추천으로 1895년에 나온 명저 『서유견문西遊見聞』도 독파했다. 훗날 그가 『독립정신』이라는 책을 쓸 때 윌리엄 그리피스의 『은자의 나라 한국Corea: The Hermit Nation』과 함께 결정적인 밑거름이 되어준 책이 『서유견문』이다. 그밖에 영어로 된 감리교 역사나 영문법책도 번역했다고 하는데 지금은 전하지 않는다.

1903년 이승만은 거대한 프로젝트에 도전한다. 우리 역사상 최초로 『영한사전』 편찬에 도전한 것이다. 그 성과의 성패를 떠나 이런 도전을 한다는 것 자체가 이승만의 정신적 깊이가 어디까지 들어갔는지를 보여주기에 충분하다. 문명과 문명을 잇는 가교架橋를 자임하고 나선 것이기 때문이다. 애비슨과 아펜젤러가 넣어준 『웹스터 영어사전』과 신흥우가 언급했던 『화영사전』을 바탕으로 이승만은 이듬해 2월 19일까지 사전 편찬 작업에 몰두해 알파벳 A부터 F까지 총 8,233개의 영어 단어에 대한 발음기호와 한문·한글 뜻풀이를 정리했다. 이 자료는 지금도 원고상태 그대로 남아있다. 20세기 한국 영어학사뿐만 아니라 지성사를 쓸 때 결코 빠트려서는 안되는 장면이다. 유감스럽게도 그의 『신영한사전』은 미완의 기획이 되고 만다.

1904년 2월 러일전쟁 발발 소식을 들은 이승만은 다시 조선반도가 요동치기 시작했음을 직감하고 조선이 나아갈 길에 대한 고민을 우선하지 않을 수 없었다. 2월 19일 이승만은 그의 첫 저서 『독립정신』 집필을 시작해 6월 29일에 완료했다. 유성준의 집필권고가 있었고 옥중에서도 수시로 『제국신문』에 관련된 글을 기고했기 때문에 4개월이라는 단기간에 300쪽에 가까운 대작이 탄생할 수 있었다. 이처럼 옥중 생활은 이승만에게 견디기 힘든 신체적·정신적 고통을 안겨 준 기간임과 동시에 그가 죽음과 치열한 싸움을 이겨내고 정신적으로 새롭게 태어나게 하는 계기를 마련해준 기간이기도 했다.

한국의 근대화 혁명을 선포한 '독립정신'

이승만의 옥중기獄中記이자 근대화에 관한 구상을 담은 첫 번째 저서인 『독립정신』은 그의 노선에 대해 비판적인 학자들까지 주저없이 명저名著

로 꼽는 책이면서도 이제는 잊혀진 고전이 되어 이승만의 운명과 부침
浮沈을 함께 했다. 이 책은 일제 때 국내에서는 판매금지 서적이었기 때
문에 미주美洲를 중심으로 폭넓게 읽히면서 그가 독립운동가로서 명성을
얻는 데 결정적으로 기여했다.

　김구에게 『백범일지』가 있다면 이승만에게는 『독립정신』이 있었다.
그러나 『백범일지』는 지금도 국민 필독서의 영예를 누리고 있는 반면
『독립정신』은 극히 일부의 장년과 노년 세대의 기억 속에만 있을 뿐 더
이상 읽히는 책이 아니다. 비운의 명저 『독립정신』은 이렇게 시작한다.

　옥중에 지루한 세월이 거연히 7년이 된지라 천금광음을 허송하기에 애석
　하여 내외국 친구들이 때로 빌려주는 각색 서책을 잠심하여 고초와 근심
　을 적이 잊고자 하나 이따금 세상 형편을 따라 어리석은 창자에 울분한
　피가 북받침을 억제할 수 없어 …… 수년 동안 신문 논설 짓기로 적이 회
　포를 말하더니 중간에 무슨 사단이 있어 그것도 또한 폐지하고 있을 차에
　러일전쟁이 벌어지는지라 비록 세상에 나서서 한 가지 유조한 일을 이룰
　만한 경륜이 없으나 이 어찌 남아의 무심히 들어앉았을 때리오.

　이 글은 이승만이 집필 동기를 밝힌 부분이다. '강개격분한 눈물을 금
치 못하여 글 만들기를 시작'한 이 책의 결정적 집필 동기는 인용문에 있
는 대로 러일전쟁의 발발이다. 이 전쟁은 1904년 2월 10일에 터졌고 집필
을 시작한 것은 19일이다. 이승만은 청일전쟁에 이어 10년 만에 터진 한
반도 주변 두 열강의 전쟁을 대한제국의 앞날에 불길한 징조로 인식했다.

국가의 존망을 걱정하며 쓴 이 책을 새롭게 주목해야 하는 까닭은 크게 세 가지다.

첫째, 이승만의 청년기 생각을 정확히 이해하는 데 결정적 자료가 된다는 점이다. 이를 통해 그가 당대의 현실을 어떻게 인식하고 조국이 나아갈 것을 어떻게 보았는가를 소상히 알 수 있다. 1894년 과거제도가 폐지되었는데, 이 조치가 '야심만만한 청년' 이승만에게 준 충격은 컸다. 그는 『청년 이승만 자서전』에서 '1894년 청일전쟁이 끝난 직후에 낡아 빠지고 많이 악용되어오던 과거제도가 폐지되었는데 이 조치는 전국 방방곡곡에 묻혀 있던 야망적인 청년들의 가장 고귀한 꿈을 산산이 부수는 조치였다'고 적고 있다. 청년들 중에 이승만 자신도 포함돼 있었음은 말 할 것도 없다.

1894년 11월 이승만은 서당 친구 신긍우의 권유로 배재학당에 입학했다. 세계의 주도권이 서구 문명에 있음이 분명해진 데다 과거제까지 폐지된 상황에서 배재학당 입학은 전통사회에서 출세가 막힌 그로서는 불가피한 선택이었을 수도 있지만 결과적으로 전화위복이었다.

이승만은 배재학당에서 영어를 배웠고 기독교에 관해 알게 됐으며 1895년 귀국한 서재필로부터 1년 이상 세계지리·역사·정치학 등과 더불어 토론술과 웅변술을 배웠다. 토론과 웅변이 주제는 대부분 자유·평등·권리 등 근대시민의 기본권에 관한 것들이었다. 『독립정신』에 담겨 있는 자유와 평등에 대한 강조, 세계지리와 정치체제 그리고 자연과학에 대한 풍부한 지식 등을 이 무렵 체득한 것으로 보인다.

『독립정신』에서 이승만이 대안으로 생각한 정치체제는 국민들의 자유와 평등권이 보장되는 입헌군주제나 민주공화제였던 것으로 보인다. 정치제도를 전제군주제·입헌군주제·민주공화제로 나눈 다음 전제군주제는 쇠퇴할 수밖에 없는 것임을 분명히 하고 영국이나 일본 같은 입헌군주제를 당시의 현실에 맞는 것이라고 밝혔다. 그러나 총 52장으로 된 이 책에서 영국·프랑스 등 다른 나라에는 1장 정도만을 할애하면서도 그가 '민주공화제'로 분류한 미국에 대해서는 무려 4장에 걸쳐 상세하게 다루고 있는 것을 감안할 때 그가 궁극적으로 생각한 것은 '군주君主가 없는 민주제', 즉 공화정共和政이었다고 볼 수 있다. 이 점은 책의 서문에서 완성된 날짜를 '건국 4237년 6월 29일'이라는 단기檀紀를 사용한 데서도 간접적으로 확인된다.

둘째, 30세 때 집필된 이 책이 그 후 이승만의 항일운동과 정치 활동에 비추어 얼마나 일관된 것인지를 살펴보는 것이다. 이는 『독립정신』이 서양에 관한 몇 가지 책을 적당히 읽고 짜깁기한 어설픈 저작인지 아니면 충분한 사색을 거쳐 나름의 정치 철학을 정립한 것인지를 검증해 보는 기회를 제공해 줄 것이다. 결론부터 말하자면 후자에 가깝다.

민중계몽을 최우선 목표로 삼고 애당초 지명과 인명을 많이 쓰지 않고 항상 사용하는 쉬운 말로 길게 늘려 설명함은 고담소설같이 보기 좋게 만듦이요, 국문으로 기록함은 전국에 수효 많은 인민이 보기 쉽게 하려고 저술된 것이 『독립정신』이다. 이 책은 자유와 평등의 가치를 강조해 국민 각자의 권리 의식을 높이고 새로운 정치제도를 모색하기 위해 세계지리·자연과학·각국의 정치제도·한반도를 둘러싼 열강들의 각축 등을 상세히 설명한 다음 가장 중요한 결론 부분인 독립주의의 긴요한 조목에서 구체적으로 주장하는 바를 내놓는다. 그것은 모두 여섯 가지다. ① 세계와 마땅히 통하여야 할 줄로 알 것이라, ② 새 법으로써 각각 몸과 집안과 나라를 보전하는 근본을 삼을 것이라, ③ 외교를 잘 할 줄 알아야 할지라, ④ 국권을 중히 여길 것이라, ⑤ 의리를 중히 여길지라, ⑥ 자유 권리를 소중히 여길지라. 이것만 보더라도 이승만의 정치철학은 통상과 외교를 중시하는 자유민주 체제임을 확인할 수 있다.

셋째, 우리가 지난 한 세기 동안 개화·서구화·산업화 등의 이름으로 추진해온 근대화의 역사에서 『독립정신』이 갖는 정치·사상사적 의의를 자리매김하는 일이다. 개인적인 생활면에서 이승만은 철저하게 조선의 선비로서 살았다. 어려서 한학을 깊이 공부했던 그로서는 어쩌면 당연한 것인지도 모른다. 그러나 대인 관계나 사회적 의식면에서는 철저하게 서구 지향적이었다. 특히 미국 지향성이 강했다. 그는 전통중심주의나 동양과 서양의 어설픈 절충주의와는 단호하게 결별했다. 이 점은 이미 『독립정신』 곳곳에서 확인된다. 그리고 서구 지향적이면서도 우리민족의 가능성에 대해 윤치호·이광수·최남선 등과 같이 비관적 전망과 논리에 젖지 않고 민중계몽을 통해 우리 민족의 자력갱생을 끝없이 촉구하고 있다는 점에서 단순한 개화론자들과는 구분된다. 즉 『독립정신』은 유길준·김옥균·서재필 등에 의해 시작된 초보적 수준의 개화론이 근대 민족주의로 체계화되는 전환점을 이룬 '기념비적 저서'라는 평가를 할 수 있다. 그들과 이승만이 개화를 높이 외친 점에서는 일치하지 않지만, 우리 민족의 역할을 대하는 면에서 이론적으로나 실제의 삶에서 커다란 차이를 보인 것은 소박한 개화론과 근대민족주의의 차별성을 분명히 보여주는 대목이다. 이 점과 관련해 로버트 올리버 박사가 그 책을 '한국 근대화운동의 성서'라고 표현한 것은 적절했다고 할 수 있다. 그럼에도 한국정치상사에서 『독립정신』은 관련 학자들에 의해 언급되는 경우조차 거의 없는 것이 우리 학계의 연구 경향이다.

이승만 자신의 회고대로 당초에 무슨 생각이 있었던지 모험으로 저술한 이 책은 집필이 진행되는 동안 감옥 밖으로 내보내져 부분적으로 비밀리에 지인知人들을 중심으로 읽히기는 했지만, 책이 완성된 1904년 당시에는 국내에서 출판이 불가능했다. 동료 박용만이 비밀리에 들고나가 미국에서 출판도 여의치 않았다. 이승만이 도미해 박사학위를 받은 1910년 2월 10일에야 비로소 『독립정신』은 로스앤젤레스 대동신서관大同新書館에서 발간될 수 있었다. 집필을 시작한 지 6년 만이었다. 그리고 6개월이 지난 후 한국은 '독립'을 잃었다.

석방 3개월 만에
미국으로 건너가다

5년 7개월 만에 옥문을 나서다

1904년 8월 4일자 『조선왕조실록』의 기록이다.

> 징역 죄수 이승만 등 140명, 사형수 이장학 등 10명, 미결수 유영우 등
> 78명을 석방하라고 명하였다. 7월 8일 특별 대사령大赦令 조칙詔勅에 근거
> 하여 법부에서 주청奏請하였기 때문이다.

조기 석방된 이승만은 30살을 맞고 있었다. 각 신문들도 그의 출감소
식을 앞다투어 보도했다. 며칠 뒤에는 배재학당 강당에서 댈지얼 번커
Dalziel Bunker 교장이 주도한 환영예배가 열렸다.

'앞으로 무엇을 할 것인가?' 이승만은 이 문제를 놓고 내외국인 친지

들과 긴밀한 의논에 들어갔다. 그는 우선 마음속으로 받아들인 기독교 문제를 확실히 하고자 연동교회 제임스 게일James Gale 목사를 찾아갔다. 세례를 받기 위함이었다. 그는 감리교인데다가 많은 목사들을 알고 있음에도 굳이 장로교 계통의 게일을 찾아가 세례를 청한 것은 그만큼 게일 목사에게 친근감을 느꼈기 때문이다. 게일은 이승만에게 미국유학을 권하며 세례도 미국에 가서 받는 게 좋을 것이라고 했다. 그의 세례는 일단 유보되었다.

출감 한 달이 막 지난 9월 11일 해체된 보안회는 협동회라는 이름으로 재탄생했다. 협동회의 회장은 이상설, 부회장은 이준 등으로 이미 보안회 때부터 적극적으로 활동해 오던 인물이다. 또 평의장 이상재, 서무부장 이동휘, 지방부장 양기탁 등이었고 이승만은 편집부장에 이름이 올라 있었다. 협동회도 일본군의 무력탄압으로 곧바로 와해되고 말았다. 대신 이승만은 자신이 창간한 『제국신문』에 다시 논설을 쓰기 시작했다. 그의 이름이 처음 등장하는 것은 10월 4일이지만 그 전부터 논설기자(주필)로서 참여했다. 그러나 일제에 의한 조선 강점이 치밀하게 진행되던 시기에 반일적 논설을 맘껏 쓴다는 것은 애당초 불가능했다. 실제로 10월 7일자 논설이 '일본 군사상의 방해요, 한일 양국 교제의 방해요, 치안에 방해되는 말'이었다는 이유로 『제국신문』은 10월 10일부터 무기정간을 당했다. 이승만으로서는 발이 묶이고 입을 봉쇄당했다.

상동청년학원을 설립하다

1899년 초 독립협회가 해산된 뒤 각자 나름의 단체를 만들어 그 정신을 이어갔다. 그 중 한 그룹이 이른바 상동파尙洞派로 불리던 청년 개화파들이다. 지금의 남대문에서 신세계백화점 방향으로 가다가 오른쪽에 있는 남창동이 바로 상동이다. 그곳에는 1889년 감리교 선교사이자 의사인 윌리엄 스크랜턴William Scranton이 세운 상동교회가 있었다. 상동교회는 전덕기·박용만·정순만 등 이승만이 의화군 이강을 새 황제로 옹립하려던 역모를 꾸밀 때 함께 참여했다가 옥고를 치른 상동파 청년들이 활동을 하고 있었다.

전덕기는 원래 천민 출신으로 스크랜턴 집에서 머슴살이를 하다가 기독교인이 됐으며 1903년에는 전도사가 되어 상동청년회를 재건하기도 했다. 이시영·이회영도 상동청년회 멤버였다. 이승만과 동갑이기도 했던 전덕기는 상동청년회를 조직하여 민족운동을 지도하고, 1906년 이준·박정동과 함께 국민교육회를 창설, 국권회복을 위하여 노력했다. 이듬해 미국에서 귀국한 안창호를 중심으로 양기탁·이갑·윤치호 등과 신민회를 조직, 그 중앙위원이 되어 배일운동을 전국적으로 전개하였다. 1911년 '105인 사건'으로 투옥되었으며 석방된 후 독립운동을 계속하다가 1914년 병사하였다.

그밖에 박용만·정순만은 이승만과 함께 '3만萬'으로 불릴만큼 절친한 사이였다. 주시경도 상동청년회에서 활동하고 있었다. 마침 이승만이 출옥하자 상동청년회는 '상동청년학원'이라는 교육기관 설립을 추진

상동교회

하기로 했다. 곧바로 모금활동을 벌여 당시로서는 거금인 700여 원을 모았다. 교실은 스크랜턴이 교회 구내의 집 한 채를 빌려 기증해주었다. 헐버트는 역사, 스크랜턴의 어머니는 영어, 전덕기는 성경, 주시경은 국문을 각각 맡기로 했으며, 이승만은 교장을 맡았다. 옥중학교 교장에 이은 두번째 교장을 맡은 셈이었다. 이렇게 해서 탄생한 학교가 상동청년학원이다.

10월 15일 오후 2시 청년학원 개교식이 열렸다. 내외국인 초청인사

수백여 명이 식장을 가득 메웠다. 교장 이승만의 교육방침은 조선을 기독교 국가로 만드는 데 두었다. 이른바 이승만이 기독교 입국론이다. 정확히 3주 후에 이승만은 미국으로 떠나게 된다.

이승만이 뿌린 씨앗의 효과는 컸다. 이승만이 떠난 후 상동청년학원 교사진을 보면 성경의 전덕기, 국문교육의 주시경, 국사교육의 장도빈과 최남선, 외국어 교육의 남궁억과 현순 등 훗날 당대 최고의 지성으로 존경을 받게 되는 인물들이 수두룩했다. 민족교육의 요람으로 평양에 대성학교가 있었다면 서울에는 상동청년학원이 있었다.

그런데 왜 이승만은 상동청년학원이라는 큰 사업을 시작해놓고 불과 3개월 만에 미국행을 결심한 것일까?

일차적으로 이승만의 미국행은 민영환과 한규설 때문이었던 것으로 보인다. 두 사람이 고종과 어떤 논의가 있었는지는 모르지만 일단 민영환과 한규설은 이승만으로 하여금 미국으로 가서 1882년 조미수호조규에 따른 지원을 얻어낼 수 있도록 하라고 설득했다. 특히 민영환은 이승만에게 가족의 뒷일을 돌보아 줄 것이며 워싱턴에 있는 한국공사관에 가서 이승만이 일할 수 있도록 주선해주겠다는 약속도 했다.

이승만은 민영환과 한규설이 휴 딘스모어Hugh Dinsmore 하원의원 앞으로 보내는 편지와 민영환이 주미 한국공사에게 보내는 편지 등 외교문서를 소지하고 미국행에 나서게 된다. 딘스모어는 1887년부터 2년 동안 주한 미국공사를 지냈던 지한파 미국인이었다.

1904년 11월 4일 제물포항을 떠나다

11월 4일 오후 1시 서울을 떠난 이승만은 오후 3시경 제물포항에 도착
했다. 이승만은 옥중동지 김정식의 보증으로 대한제국이 발급한 집조執
照(여권)를 품 안에 고이 간직하고 오하이오호에 올랐다. 항구에는 늙으
신 아버지와 7살 아들 태산이 나와 눈물의 배웅을 했다. 부인 박씨도 나
왔을 가능성이 없지 않다. 그의 미국행에는 한성감옥에서 김영선과 더
불어 그에게 늘 큰 배려를 해주었던 간수장 이중진의 동생 이중혁이 동
행했다. 이중혁은 유학을 가는 길이었다. 이중진은 이승만의 여비도 일
부 보태주었다.

11월 6일 오후 6시 배는 목포항에 도착했다. 배에는 하와이로 가는
계약노동자 70여 명을 비롯해 일본인·청나라인 등이 함께 타고 있었는
데 배가 제물포항을 출발하자마자 큰 풍랑을 만나는 바람에 제물포 앞
바다에서 풍랑이 가라앉기를 기다린 다음 이튿날 새벽녘에 다시 출발해
하루 반을 달려 이 시각에 목포에 도착한 것이다. 하루의 대기 시간이
있었기 때문에 이승만은 하선해 선교사 오웬Owen 부부를 비롯해 벨Bell·
프리스턴Preston·김형진 등 지인들을 만난 다음 목포에서 하루를 보냈다.

이날 이승만이 만난 인물 중에서 벨에 대해서는 특기해 둘 필요가 있
다. 지금도 '유진 벨Eugene Bell 재단'은 많은 한국인들에게 친숙한 단체다.
구한말 한국을 찾은 양대 명문가가 언더우드 가문과 유진 벨 가문이다.
미국의 북장로교회는 1884년 알렌을, 1885년에는 언더우드와 헤론 등
을 조선에 파송했다. 남장로교회 소속이던 유진 벨과 오웬의 파송은 그

보다 10년 늦은 1895년에 이루어졌다. 그때 유진 벨의 나이 27세였다. 전라남도 개척을 명받은 그는 나주·목포·광주 등지에서 기독교 선교와 함께 교육활동을 전개했다. 이승만이 목포를 찾았을 때는 유진 벨이 마침 목포에서 선교사업을 하고 있을 때였다. 그 해 12월 19일 유진 벨은 거점을 광주로 옮기게 된다. 유진 벨에게는 한국에서 태어난 샤롯 벨이라는 외동딸이 있었다. 어린 시절을 미국에서 보내다 1912년에 다시 한국으로 온 샤롯은 선교사 윌리엄 린턴을 만나 결혼하게 된다. 린턴부부는 한남대학교의 전신인 대전대학을 설립했다. 이후 후손들은 계속 전라도 지역에 남아 결핵퇴치운동을 전개했고, 지금도 유진 벨 재단을 세워 북한 결핵퇴치운동에 앞장서고 있다.

11월 7일 오후 3시 출발한 오하이오호는 이튿날 오전 9시 부산에 도착했다. 이승만은 하선해 부산 감리교 인사들로부터 저녁대접을 받았다. 저녁 7시 오하이오호는 부산을 떠나 시노모세키를 거쳐 사흘 후인 11월 10일 고베神戸에 도착했다. 그곳에는 벨의 사촌인 선교사 로건Logan과 몇몇 한국인 친구들이 그를 반갑게 맞아주었다.

이승만은 미국으로 가는 시베리아호를 기다리느라 고베에서 1주일간 체류했다. 시내 곳곳을 구경했을 것이다. 마침 11월 13일은 일요일이라 로건의 교회에 가서 신앙간증도 했다. 이때 간증을 들으러 왔던 교인들은 돈을 거둬 여비에 보태주기도 했다. 이후 미국으로 건너간 이승만은 교회의 신앙간증을 위해 생활비를 마련하게 되는데 고베에서 이미 그 모델을 발견했다고 할 수 있다.

처음으로 태평양을 건너다

11월 17일 이승만은 중혁과 함께 시베리아호에 올랐다. 앞으로 수도 없이 오가게 될 태평양을 처음으로 건너는 순간이었다. 오하이오호 때와 마찬가지로 조선인 노동자이민자들과 뒤섞여 하등칸에 탔다. 조선인의 하와이 이민은 1903년 1월 13일 첫 이민자 101명이 하와이에 도착한 이래 급속히 늘어나 1903년 1,233명 1904년 3,434명이 이민을 갔다. 그가 도착한 시점이 1904년 연말에 가까웠다는 것을 감안한다면 그 당시 하와이에는 대략 4천여 명의 한인들이 있었다고 볼 수 있다. 그러나 1905년 을사늑약이 체결된 이후 이민은 금지 당해 급격히 줄어들었다. 하와이 교민은 이후 이승만의 독립운동을 적극 돕는 후원자의 역할을 하게 된다.

이승만은 시베리아호가 1만 2000톤급이며 선원만 300명이라고 『제국신문』에 보낸 편지에 적었다. 이 편지를 보면 이승만은 그곳에서도 한인 이민자들에게 웃사람을 잘못 만나 우리가 고생하고 있다고 설파하면서 '그 보배로운 상투를 좀 베어버리라'고 역설하였다. 어디서나 이승만은 선동가이자 계몽가다.

태평양을 건너는 항해는 순조로웠다. 열이틀 후인 11월 29일 오전 7시경 시베리아호는 호놀룰루항에 입항했다. 그때까지만 해도 그곳이 향후 40년간 자신이 전개할 독립운동의 전초기지이자 생의 마지막 숨을 거두게 될 운명의 공간인지 몰랐을 것이다. 호놀룰루에는 하루 동안 머물 예정이었는데 하와이 이민국 통역 홍정섭이 이승만을 찾아왔다. 현지 동포들이 환영회를 준비해 놓았다는 것이었다. 특별허가를 얻어 이승만은 배에서 내릴 수 있었다.

부두에는 하와이 감리교 존 와드먼John Wadman 감리사와 윤병구尹炳求 목사 등이 나와 있었다. 윤병구는 이승만이 하와이를 독립운동 전진기지로 삼는 데 결정적 역할을 했으며, 1934년 10월 8일 이승만과 프란체스카가 뉴욕의 클레어몬트호텔에서 결혼할 때 존스 헤인스 목사와 함께 공동 주례를 맡을 만큼 이승만과 윤병구는 가까운 사이였다. 이미 한국에 있을 때부터 호형호제하던 관계이기도 했다.

이승만은 이날 밤을 윤병구의 집에서 지냈다. 이들은 밤새워 조국의 독립에 관해 이야기한 끝에 윤병구는 당분간 하와이에 머물며 자금 각출과 교포들의 완전 단결을 위해 노력하기로 하는 한편 이승만은 워싱턴으로 가서 최선을 다할 것을 결정했다.

밤을 꼬박 샌 두 사람은 새벽녘에 호놀룰루로 들어왔다. 거기서 이승만은 다른 교회 집회에서 연설을 해 샌프란시스코까지 가는 데 필요한 시베리아호의 운임 30달러를 마련했다. 시베리아호는 11월 30일 오전 11시 30분 출발했다. 이승만은 난간에 서서 부두에서 모자와 손수건을 흔들어대는 교포들과 작별했다.

밀사 실패 후 유학을 결심하다

촌계관청

시베리아호는 엿새의 항해 끝에 12월 6일 오전 10시 샌프란시스코항에 도착했다. 이곳에는 안창수安昌洙가 마중을 나왔다. 안창수는 윤병구 목사와 함께 1903년 8월 하와이의 반일反日 단체인 신민회(신민회는 1904년 4월 내분으로 해체됐다)를 조직했던 발기인의 한 사람으로, 이 무렵에는 샌프란시스코에 와 있었다.

이승만으로서는 미국 본토를 처음 밟은 것이다. 그는 1906년 4월 21일 워싱턴 YMCA에서 강연을 할 기회를 가졌다. 이 자리에서 그는 "처음 미국에 왔을 때의 저의 기분은 한국 표현을 빌린다면 '촌계관청村鷄官廳' 격이었습니다"고 토로한 적이 있다. 촌닭 그 자체였다는 것이다.

이승만은 이중혁·안창수와 함께 샌프란시스코 북쪽 산 라파엘에 사는 피시Fish 부부를 찾아갔다. 그들의 아들은 한국에 선교사로 나가 있었다. 피시 부부는 이승만과 이중혁을 다음 날 산 엔젤모신학교에 데리고 갔다. 학장 매킨토시McIntosh 박사는 두 사람에게 각각 수업료와 기숙사비를 합쳐 매달 300달러의 장학금을 지급하겠으며 3년간의 공부를 끝마치면 한국에 선교사로 보내주겠다고 제의했다. 이승만은 넓은 언덕 위에 치솟아 있는 아름다운 석조 건물을 바라보면서 강한 유혹을 느꼈을 것이 분명하다. 그로서는 신앙의 길을 걸으며 편안하게 살 것인지 아니면 불안과 위험으로 가득찬 구국救國의 길을 걸을 것인지 기로에 선 것이었다. 이승만의 자서전을 보자.

나는 그의 이러한 후의厚意에 대단한 유혹을 느꼈고 매킨토시 박사는 내가 그곳에 남아있도록 하기 위해 많은 설득을 했지만 나는 나의 비밀 사명을 수행하여야 했기 때문에 그의 호의를 거절하지 않을 수 없었다.

이승만의 단호한 거절에 대해 피시 부부와 매킨토시 박사는 이해할 수가 없었다. 이승만이 밀사의 사명을 수행중이라는 것을 모르는 그들로서는 자신들의 호의를 단호히 거절하는 초라한 동양인에 대해 불쾌한 감정까지 들었을 것이다. 다행히 이승만의 결정에 이중혁도 따라주었다.

이승만과 이중혁은 며칠 동안 샌프란시스코의 이곳저곳을 관광한 다음 12월 17일 로스앤젤레스로 갔다. 그곳에서는 서당친구이자 배재학당 동문이며 옥중동지인 신흥우가 반갑게 맞아주었다. 신흥우는 이승만보다 8살 아래이면서도 신학문과 기독교 입문하여 도미渡美유학 등 모든 면에서 이승만보다 한 걸음 앞서가고 있던 인물이었다. 이때도 그는 이미 남南캘리포니아대학에서 의학을 공부하고 있었다.

이곳에서 이승만은 일주일간 머물고 12월 24일 산타페 철도편으로 위싱턴을 향해 떠났다. 두 장의 표를 살 돈이 없었기 때문에 이중혁은 로스앤젤레스에 그냥 남았다. 30일 오전 9시 시카고에 도착해 서울의 언더우드 박사가 보낸 편지를 미징거 박사에게 전달하고, 오후 3시 시카고를 출발해 피츠버그를 거쳐 위싱턴에 도착한 것은 12월 31일 오후 9시였다. 서울을 떠난 지 꼬박 56일 만이었다. 이처럼 시간단위까지 상세한 추적이 가능했던 것은 이 무렵 자신의 활동상을 간략한 메모 형태로 남겼기 때문이다.

밀사 임무를 마치다

이승만이 위싱턴에 도착하던 날 하늘에서는 눈이 펑펑 내리고 있었다. 그는 역 근처 펜실베니아가에 있는 싸구려 호텔 마운트 버논에서 묵었다. 주머니에는 이제 몇 달러밖에 남지 않았다. 다음날 아침 1905년 1월 1일에 나는 아이오와 서클에 있는 한국공사관을 찾아갔다. 신태무申泰茂 씨가 공사대리로 있었는데 홍철수와 김윤정金潤晶은 서기관으로 있었다.

공사관 건물은 3층으로 큰 방이 9개나 있어 1층은 공관으로 쓰고 2~3층은 공관원들이 가족과 함께 주거 공간으로 사용하고 있었다. 묘한 것은 바로 옆에 일본공사관이 있었다는 것이다. 불행하게도 당시 공사관 직원들 중 일부가 일본과 연계를 가졌던 것도 이와 무관하지 않았다.

공사관에 찾아갔을 때 이승만이 처음 만난 사람은 1등서기관 홍철수였다. 그는 이미 민영환으로부터 이승만을 최대한 도우라는 편지를 받은 바 있었다. 그러나 공사대리 신태무는 이승만의 협조 요청에 대해 부정적이었다. 본국의 훈령이 없으면 곤란하다는 것이었다. 반면에 참사관 김윤정은 비교적 협조적인 태도를 보였다. 신태무가 엄비嚴妃와 관계된 사실 등을 이승만에게 이야기해 준 것도 김윤정이었다. 김윤정은 신태무와 사이가 좋지 않았다.

김윤정은 이승만이 민영환과 한규설의 밀명을 받고 왔다는 사실을 전해 듣고 자신이 공사가 되는 데 도움을 준다면 적극적으로 협조하겠다고 약속했다. 김윤정은 자신의 이력에 관해서도 간략하게 소개해주었다. 그는 원래 일본에서 유학중이었는데 한인학생회에서 미국 유학 장학생으로 선발돼 워싱턴으로 왔고, 여기서 장로회 목사 루이스 T. 햄린Hamlin 박사를 만났다. 그는 흑인들의 학교인 하워드대에 입학할 수도 있도록 주선을 해주었고 거기서 당시 조지 워싱턴대 총장이면서 한국공사관의 자문역을 맡고 있던 찰스 니덤Charles Needham 박사의 눈에 들었다. 니덤은 서울 주재 미국공사 호레이스 알렌에게 요청해 김윤정을 주미공사관의 1등서기관이 될 수 있도록 해주었다.

신태무의 소극적 태도로 당장 주미공사관의 도움을 얻는 것이 어렵게 됐다는 사실을 알게 된 이승만은 일단 독자행동을 시작했다. 1월 초순 이승만은 아칸소주 출신인 상원의원 휴 A. 딘스모어Hugh A. Dinsmore를 찾아갔다. 딘스모어는 1887년부터 2년 동안 주한미국 공사로 일한 적이 있고 민영환·한규설과도 친분이 있는 친한파인사였다. 이날 면담에서 이승만은 도미 때 트렁크에 숨겨온 민영환·한규설의 밀서를 딘스모어에게 전달했고, 딘스모어에게서 존 헤이John Hay 국무장관과 면담을 주선하도록 노력하겠다는 답변을 받아냈다.

김윤정과 딘스모어의 협조 약속을 받아낸 이승만은 '밀사'로서 임무 수행이 비교적 수월하게 진행되는 것으로 판단하고 자신이 미국에 온 또 하나의 목적, 즉 유학준비도 시작했다. 그는 워싱턴 도착과 함께 선교사 게일 박사의 소개장을 들고 김윤정이 언급했던 장로교 계통의 캐비넷 교회 루이스 T. 햄린 목사를 찾아갔다. 캐비넷 교회에는 존 헤이 국무장관도 다니고 있었다. 햄린 목사는 서재필 박사가 미국에서 재혼할 때 주례를 선 친한파 인사였다.

햄린은 처음에 이승만을 유능한 현지 전도사감으로 생각했다. 그래서 금전적 도움도 주고 여러 가지 면에서 호의적이었다. 그는 조지워싱턴대 총장이며 한국 공사관 법률고문을 맡고 있던 찰스 니덤 박사에게 이승만을 소개했다. 이승만은 알렌 윌버 학장과 면담 결과 학문에 조예가 있다는 판정을 받아 장학생으로 2학년에 편입할 수 있게 됐다. 이렇게 해서 2월에 시작되는 봄학기에 등록을 했다. 일단 숙식 문제는 해결된 것이다.

그러면 워싱턴에 도착했을 때 '주머니에 불과 몇 달러밖에 없었던' 이승만은 돈 문제를 어떻게 해결했을까. 초창기에 김윤정과 친했다는 기록을 보면 먼저 정착해 있던 그로부터 얼마간의 도움을 받았을 수도 있고, "그리고 나는 일요일마다 각 교회에서 이야기를 하곤 했다"는 자서전의 구절로 보아 신앙간증과 한국사정 호소를 주요 내용으로 하는 강연을 해 얼마간의 용돈을 만들어 쓴 것 같다. 그리고 햄린 목사도 조금씩 금전적 도움을 주었다. 물론 풍족했을 리가 없다.

그래서 그가 조지워싱턴대학에 편입학했다는 사실은 돈 문제와 숙식문제 그리고 미국에서 안정적 생활을 보장해주는 것임과 동시에 밀사임무에 보다 열성을 다할 수 있게 됐다는 뜻이기도 했다.

이승만이 면담을 한 지약 한 달 만인 2월 16일 딘스모어 상원의원에게서 답장이 왔다. 헤이 장관에게 면담 시간을 잡도록 편지를 했다는 내용이었다. 이렇게 해서 이승만은 20일 헤이 국무장관과 면담을 했다. 헤이는 특히 한국에 있는 미국인 선교사들에 대해 깊은 관심을 표했다. 이자리에서 이승만은 개항 이후 한국에서 해를 입은 선교사가 한 사람도 없다는 사실을 지적하고 "우리 한국인들은 각하께서 중국을 위해 힘쓰신 것처럼 한국을 위해서도 힘들 써주기를 바랍니다"라고 말했다. 이말은 헤이가 주도했던 중국에 대한 미국의 문호개방정책을 한국에도 적용해달라는 요청이었다. 헤이는 조약상의 의무를 다하기 위해 최선을 다하겠다는 답을 했다. 이승만은 뛸 듯이 기뻤다. '조미상호조약의 의무이행' 촉구야말로 도미 목적의 최우선 과제인데 국무장관이 긍정적 협조를 다짐했으니 그로서는 대성공이라 여길만 했다. 민영환과 한규설의 '밀서'도 미국 정부보다는 딘스모어에게 보내는 사신私信의 성격이 강했기 때문에 딘스모어에 이어 헤이 장관을 30분간 면담한 것만으로도 이승만의 도미는 그 목적이 이뤄졌다고 할 수 있다.

그는 즉각 면담 결과를 국내의 민영환과 한규설에게 통보했다. 당시 한국의 외교는 사실상 일본의 손아귀에 있는 것이나 마찬가지였기 때문에 딘스모어의 도움을 빌어 미국 외교 루트를 이용했다. 덧붙여 김윤정의 승진 부탁 내용도 함께 보냈다. 꼭 그 때문인지는 몰라도 김윤정은 6월 23일 승진해 신태무의 후임으로 대리 공사를 맡게 된다. 이때까지만 해도 이승만과 사이는 원만했다.

'늦깎이 대학생' 이승만

이승만은 1905년 2월 조지워싱턴대 월버 학장과 면담을 통해 비록 미국의 정규 교육과정을 거치지는 않았지만 학문에 대한 나름의 깊이가 있다고 인정돼 2학년 2학기로 편입됨과 동시에 특별 장학생으로 선발됐다. 그해 8월까지 첫 학기는 이런저런 임무를 수행하느라 제대로 공부를 하지 못했다.

그때부터 나는 공부에 전념하였다. 오로지 남은 하나의 희망은 한국사람을 갱생시키는 것이고, 그 길은 기독교 교육이라고 나는 믿었다. 나의 인생 목적은 그 일을 위해 준비하는 것이었다. 나는 미국에서 써먹으려고 서양 교육을 받은 것이 아니고 그 교육을 통해서 서양책들을 한국말로 번역하기 위한 것이었다.

번역은 다른 문화를 배우고 익히는 데 가장 기본적인 행위이다. 자신의 역할을 번역에서 찾았다는 것은 새로운 문화 이해를 위한 올바른 접근법을 이미 통찰하고 있었다는 것이 된다. 자신의 향후 진로와 관련해서도 미국에서 개인적 출세가 아니라 나라를 위한 번역사업에 헌신하겠다는 뜻이었다. 그는 실제로 서양책을 번역하지는 않았지만 조선이라는 나라를 서양식으로 번역(혹은 변혁)하는 훨씬 더 큰 일에 일생을 바치게 된다. 조선의 근대화 혁명을 이루는 일이 그것이었다. 공부는 3학년이 된 9월부터 본격화됐다. 당시 그가 배운 과목은 논리학·영어·미국사·프랑스어·철학·천문학·경제학·사회학·서양사·고대어학 등이었다. 서양학문의 기초 과목들인 셈이다.

대학시절 그의 성적을 보면 서양사만 A학점을 받았을 뿐이고 대부분은 B나 C학점이었다. 특히 동양 학생에게는 취약할 수밖에 없었던 프랑스어와 수학은 D학점을 받았다. 그러나 유학생이라고 해서 특별히 감안을 해주지 않던 당시 미국 대학들의 풍토를 감안한다면 사실 30세가 넘은 만학도 이승만으로서는 졸업했다는 것만으로도 대단한 성공이라 할 수 있다.

학교에 다니면서도 생활비를 벌기 위한 신앙간증 강연은 계속했다. 어쩌면 그것이 그의 유일한 수입원이었는지도 모른다. 그가 남긴 메모를 보면 이런 강연들을 통해 번 돈이 2달러, 3달러 많게는 30달러였다고 되어 있다. 하지만 이승만이 즐겁게 강연활동을 할 수 있는 중요한 이유가 있었다. 자신의 조국을 새로운 사람들에게 알리는데 그보다 효과적인 방법이 없었기 때문이다. 미국 내에 한국을 도와줄 친구들을 만들어가는 작업이기도 했다. 그러면 이승만은 이역만리에서 어떤 내용을 어떻게 연설했길래 지속적으로 강연을 할 수 있었을까.

연설은 주로 YMCA주최로 열렸으나 시간이 경과함에 따라 점점 동부 도시에 있는 수많은 단체들로부터 초대를 받게 되었다. 어떤 때는 70장에서 100장에 달하는 사진을 환등기로 보이기도 했다. 연제演題는 언제나 한국에서 선교사업과 한국인의 점진적인 향상에 관한 것이었다.

미국인들의 입장에서는 미지의 나라 한국의 풍속과 기독교 전파에 관한 이야기들이 신기하기도 하고 재미도 있었을 것이다. 이와 관련해 1907년 6월 13일자『워싱턴 포스트』지방판 기사는 당시 이승만의 '고요한 아침의 나라 한국'이라는 제목의 강연이 얼마나 인기를 모았던가를 간접적으로 증명해주는 자료이다.

이승만 씨는 한국의 양반 부인은 외출을 하지 않기 때문에 유감스럽게도 그 모습을 슬라이드로 보여줄 수 없다고 말해 청중들의 폭소를 자아냈으며 그 대신 베일로 얼굴을 가리고 외출한 중류층 부인의 사진을 보여주었다. 강연회에는 수백 명이 참석했으며 이 젊은 한국 청년은 열렬한 박수를 받았다.

그가 대학시절 도서관에 틀어박혀 공부만 했다면 과연 미국에 온 지 3년도 안돼서 미국인들을 상대로 폭소를 자아내고 박수를 받는 강연을 할 수 있었을까. 사실 이승만은 생활이 빈궁한 가운데도 '창백한 학생'이 되기보다는 미국 학생 못지 않은 열성적 대학생활을 보낸 것으로 보인다. 캠퍼스의 자유를 나름대로 만끽하며 미국 사회의 자유를 호흡하지 않았더라면 미국인을 상대로 탁월한 연설을 한다는 것은 거의 불가능했을 것이다. 물론 타고난 연설 능력도 크게 도움이 됐다. 이미 이승만은 미국으로 건너가기 전 독립협회 시절 만민공동회 등을 통해 명연사로 이름을 날린 바 있었다.

이승만은 대학에 다닐 때 두 가지 슬픔을 겪는다. 하나는 그를 지원하고 밀사 임무까지 맡겼던 민영환이 1905년 11월 30일 을사늑약이 체결되자 자결해 버린 일이다. 그로서는 국내에 믿을 만한 '끈'이 사라져버린 셈이었다.

또 하나는 '감옥에서도 데리고 잤던 외아들' 태산泰山(일명 봉수)의 죽음이다. 여러 가지 자료를 종합해 볼 때 태산은 1905년 6월경 옥중 동지였던 박용만과 함께 미국으로 온 것 같다.

"나의 아들이 왔다. 박용만 씨가 그를 한국으로부터 데려왔는데 나는 필라델피아의 어떤 가정에 그를 맡겨야 했다. 거기서 그는 죽고 말았다. 참으로 슬픈 일이었다."

여기서 어떤 가정이란 이승만이 대학에 다니면서 여름방학 때면 가서 쉬곤 하던 부유한 감리교 신자 보이드Boyd 부인의 집이다. 그녀는 이승만이 한국에 있을 때부터 지극한 관심을 보였던 선교사 조지 H. 존스의 소개장을 들고 찾아가 친하게 된 사람이었다. 보이드 부인은 이승만을 '바울'이라고 부르면서 겨울학기 동안에는 매주 이승만에게 편지를 쓸 만큼 이승만을 아꼈다.

이승만이 처음에 아들을 데려올 생각을 한 것은 1905년 6월까지만해도 김윤정과 사이가 좋았고, 김윤정의 가족들이 미국에 와 있었기 때문이었을 것이다. 태산은 그래서 처음에는 김윤정의 집에 있었다. 이때 태산의 나이는 8살 안팎이었던 것 같다. 이승만과 김윤정이 갈등을 빚자 곧바로 워싱턴의 한 부잣집으로 태산을 옮겼다. 그러나 여기서도 적응을 하지 못하자 이승만은 필라델피아의 보이드 부인에게 아이를 부탁했다.

1906년 2월 24일 밤 11시반 그는 보이드 부인으로부터 '태산이가 위급하다'는 전보를 받았다. 바로 역으로 갔으나 열차는 이미 끊어졌고 다급해진 이승만은 전보로 상황을 물었다. 그러자 '경과를 지켜보자'는 답신이 왔다. 그래서 안심하고 있던 그에게 25일 오후 2시 다시 보이드 부인으로부터 '태산이가 위독하니 내일 3시 20분까지 오라'는 전보가 왔다. 그는 그날 밤 9시 30분 열차로 떠나 26일 새벽 2시 30분경 보이드 부인집에 도착했다. 그녀는 이승만에게 '디프테리아로 사흘 동안 누워있다가 시립병원 격리병실에 입원시켰다'고 말했다. 날이 밝자마자 이승만은 병원으로 달려갔지만 태산은 이미 하루 전에 죽어 화장까지 끝난 상태였다.

6대 독자였던 그로서는 청천벽력과 같은 일이었다. 이런 시련을 겪어가면서 이승만은 조지워싱턴대를 졸업한다.

불우했던 하버드대 대학원 시절

1907년 6월 5일 조지워싱턴대학을 졸업한 이승만은 진로 문제를 놓고 고민에 휩싸였다. 당초의 목표대로 귀국해 기독교 교육에 힘쓰는 한편 국민 계몽활동을 시작할 것인지 아니면 아직은 미진하다고 생각되는 서양 학문을 좀 더 공부한 다음에 귀국할 것인지였다.

이 무렵 부친 경선공은 '너의 정치활동과 견해가 일본 관헌을 노하게 했기 때문에 당분간 귀국을 않는 것이 좋겠다'는 요지의 편지를 보내왔다. 그리고 당장 귀국한다고 해서 마땅히 할 일이 있는 것도 아니었다.

그렇다고 미국에 계속 남자니 생활 방편에 대한 걱정은 물론 그를 지위해 준 감리교 선교부의 귀국 종용도 부담스러웠다. 감리교측은 이제 이승만이 귀국해 현지 전도사가 되어 한국 선교의 모범 사례로 활동해 주기를 기대했다.

결국 그는 공부를 계속하기로 결심했다. 아마도 대학 공부를 하고나니 서양 학문이 생각보다 깊고 넓어서 좀 더 공부를 하지 않으면 안 되겠다는 생각을 갖게 됐을 가능성이 높다. 하버드대를 선택한 것도 그런 맥락에서 볼 수 있다. 당시 교회의 미국인 친구들은 하버드대를 갈 경우 이승만이 신앙을 잃게 될 것이라며 하버드대로 가려는 것을 한사코 반대했다.

이승만이 이 무렵 상당히 초조해하고 있었다는 사실은 대학 졸업을 한 학기 앞둔 1906년 12월부터 1907년 1월 사이에 그가 하버드대 관계자들과 주고받은 여러 차례의 서신을 통해 확인된다. 이승만이 하버드대학에 보낸 편지 내용은 주로 우리나라의 사정이 급박하니 바로 박사과정에 입학을 허락해 준다면 2년만에 학위를 받도록 하겠다는 것이었다. 이런 노력은 실패하고 1907년 9월 하버드대 석사과정으로 입학하게 됐다.

이런 와중에도 하버드대 입학 직전인 7월 25일 지방 신문 에스버리 파크의 『프레스』와 『모닝 스타』에는 이승만 인터뷰 기사가 나란히 실렸다. 언론을 이용한 한국 독립호소 활동을 계속하고 있었다는 말이다.

일본에 굴복할 한국인은 아무도 없다. …… 열강국은 일본의 감정을 상하게 해서 극동에서 상업상의 권익이 방해될 것을 우려하고 한 마디도 정의에 입각할 말을 하지 못하고 있다. 그러나 아시아 전체가 일본에 독점되어 가고 있다는 것을 모르는가? 이런 식의 적당주의 평화는 오래가지 않는다.

이승만이 이런 인터뷰를 할 수 있었던 것은 『크리스찬 애드버케이트』지 A. B. 레너드 주필에게 항의 편지를 보냈기 때문이다. 레너드 주필은 친일인사로 동양을 여행하던 중에 한국을 며칠 방문하고 온 뒤 이승만이 항의편지를 보내기 얼마 전 뉴욕의 오션 그로브 강당에서 "일본은 지금 한국을 개혁하고 있으며 일본이 한국을 영원히 통치하게 되기를 바란다"는 취지의 연설을 했고 이를 안 이승만이 즉각 항의의 뜻을 전달한 것이다. 그가 미국에서 할 수 있었던 항일운동 중 하나는 바로 이처럼 친일 성향의 미국인들을 상대로 한 항의와 논쟁이었다.

『모닝 스타』와 회견에서 밝힌 대로 미국인을 상대로 한 이승만의 논리는 치밀하고 일관된 것이었다.

"일본을 방치해 둘 경우 서방의 친구가 되기보다는 적이 될 것이다. 따라서 일본의 억압하에 있는 한국을 독립시킴으로써 견제 기능을 강화할 수 있다."

이 같은 논리는 아주 일찍부터 갖고 있었고 죽는 날까지 그대로 견지했던 그의 극동관極東觀이라 할 수 있다.

그는 이제 신학보다는 세계정세와 서구 문화의 역사에 더 큰 관심을 갖기 시작했다. 영어를 배워 서양책을 번역하겠다던 대학시절의 포부는 바꾸어 서양 문물을 보다 깊이 있게 이해하는 쪽으로 관심이 기운 것이다. 이는 대학원 시절 수강했던 과목들을 살펴보면 알 수 있다.

그가 선택한 학과에는 헌법이 채택되기 전까지의 미국 역사, 유트레히트 평화조약부터 현재까지의 유럽 역사, 유럽 국가군의 팽창주의와 식민지 정책에 관한 특별 과목 등과 경제학 방면에 있어서는 19세기 유럽의 상업 및 산업에 관한 과목이 포함되어 있었다. 그밖에도 그는 국제법과 중재론 및 미국 외교 정책을 배웠다.

그러나 그의 성적은 대학 때 비해 크게 나아지지 않았다. 대부분 B나 C학점이었다. 그렇다고 공부를 하지 않아 그렇게 된 것은 아닌 듯하다. 우선 석사 과정을 1년 만에 끝냈다는 점이 고려돼야 한다. 당시 미국 대학교육이 철저했다는 점을 감안한다면 단순히 성적만으로 그가 공부를 잘하지 못했다고 판단하기는 어렵다.

동양적인 지식 배경을 가진 학생으로서는 이런 학과는 거의 새로운 것이었으며, 이것에 숙달하기 위해서는 밤 늦게까지 공부를 해야 했다. 그래서 그는 하버드 재학중에는 연설도 중지하고, 학우와 새로운 우정도 맺지 않고, 대학의 사교생활에도 전혀 관여하지 않았다.

그는 첫 학기가 끝난 뒤 1907년 연말 휴가를 이용해 샌프란시스코를 방문했다. 이 무렵 샌프란시스코에는 공립협회共立協會와 보국회保國會라는 두 한인 단체가 조직 돼 활발하게 움직이고 있었다. 이승만으로서는 미국에 온 이후 줄곧 워싱턴·뉴욕 등 동부 지방에만 머물다가 3년 만에 처음으로 서부 지방을 방문한 셈이었다.

물론 가난한 유학생 이승만이 단순 여행을 목적으로 그 먼 샌프란시스코까지 갔을 가능성은 별로 없다. 1908년 1월 1일 박용만·이관용李觀 鎔 등이 주동해 같은 해 여름 콜로라도주 덴버에서 애국동지대표자대회 를 열기로 발의한 것을 보아 이 행사와 관계된 여행이었던 것 같다.

애국동지대표자대회는 분열돼 있던 교민 단체들을 통합하기 위한 노 력이었다. 대회는 발의한 대로 7월 11일부터 15일까지 덴버시 그레이스 감리교회에서 열렸다. 참석자는 모두 36명으로 미국 각 지역과 하와이· 블라디보스토크·상하이·런던 등 세계 각지에서 온 위임 대표들이었다. 이 행사에서 결의한 사항들은 그 지역 신문인 『덴버 리퍼블리칸』에 보도 되었다. 주요 내용은 재외 한인단체들이 통합하여 양서의 한문 번역을 전 문으로 하는 출판사 설립, 세계정세에 관한 서적의 한국 배포 등이었다.

스탠퍼드대 데이비드 스타 조던 총장이 개회사를 맡았던 이 행사에서 이승만은 박용만의 지원을 받아 의장으로 선출됐다. 여기에는 그의 과 거 경력과 하버드대를 다니고 있다는 점이 크게 도움이 됐을 것이다. 이 승만은 다음과 같은 내용의 연설을 폐회사에서 했다.

현재 미국의 정치인들은 한국이 일본과 싸워도 성공하지 못할 것이며 따 라서 한국의 희망은 영원히 사라진 것이라고 말을 한다. 그러나 이것은 피상적인 관찰에 지나지 않는다. 우리나라의 역사와 지리적 특징과 민족 적 특성을 연구해 본다면 한국은 일본보다 훨씬 뛰어난 데가 있는 것이 다. 우리나라는 4,000년 이상 민족의 특성과 완전한 독립을 보존해왔으 며 결코 지구에서 말살되지는 않을 것이다.

민족의 장래에 대한 이 같은 낙관론은 이승만 사상의 근저에 언제나 깔려 있었다. 교육과 계몽에 그처럼 집착했던 것도 따지고 보면 이런 낙관론이 뒷받침된 것이었다. 그러나 이 시절 그는 교민사회에서 구설수에 오르게 된다. 그 발단은 스티븐스 암살사건이었다.

이 사건은 이승만이 샌프란시스코를 다녀온 후 다시 학업에 몰두하던 1908년 3월 23일에 일어났다. 보국회 소속의 장인환張仁煥과 공립협회원 전명운田明雲이 공교롭게도 같은 날 한국 정부의 외교고문이었던 친일 인사 D.W. 스티븐스를 샌프란시스코 역에서 사살하였다. 스티븐스는 루즈벨트 대통령의 친구이기도 했다. 이에 대한 교포와 국내 인사들의 지지는 열화와 같았다.

재판이 시작되자 공립협회와 보국회는 힘을 모아 네이던 코글턴·존 배럿·로버트 페럴 등 3명을 변호사로 선임했다. 문제는 통역이었다. 이 때 한인 중에 영어하는 사람이 귀하여서 통역이 곤란하던 까닭에 하버드 대학에서 석사 학위를 받은 이승만을 통역으로 청하였다.

그러나 이승만은 유학생 신분으로 너무 오랫동안 학교를 비울 수 없다는 것과 기독교인으로서 살인 재판에 관여할 수 없다는 것이 이승만이 장인환과 전명운의 재판 통역을 거부한 이유다. 이것만 놓고 본다면 아무래도 그의 처사가 올바른 것이었다고 할 수 없다. 독립운동의 지도자가 되고자 하는 사람이 친일인사를 처단한 것에 대해 협조할 수 없다는 것은 아무래도 명분이 서지 않는 일이었기 때문이다.

도대체 이승만은 어떤 생각에서 통역 요청을 거절했을까. 그의 자서전의 한 구절이다.

그리고 그 겨울에 2명의 한국인이 샌프란시스코에서 테오도르 루스벨트 대통령의 친구인 스티븐스를 세인트 프린시스호텔 앞에서 사살했고, 바로 그 전에 한국의 애국지사 안중근이 하얼빈에서 일본의 거물 정치인 이토 히로부미를 사살했다. 스티븐스는 어버린대학의 졸업생이었고 미국에서는 퍽 영향력이 강한 사람이었다.

이승만은 두 사람에 대한 변호 통역 제의를 단호히 거절하였다. 여기에서 기독교인이라든가 동부에 사는 그로서 서부에 수시로 와서 통역을 하기 어려웠을 것이라는 점은 부차적 요인에 불과하다. 오히려 이승만으로서는 자신이 생각하는 '외교를 통한 국권회복'에 암살은 그 명분이 어떠하건 도움이 되지 않는다고 생각했던 것이다. 그의 이런 엉거주춤한 태도에 대해 한인韓人사회의 불만은 높았을 것이 분명하다. 그러나 그는 자신이 선택한 길이 올바르다고 믿었다. 그가 오랜 정치 역정에서 받게 되는 비판이나 오해의 한 측면을 읽을 수 있는 대목이다.

프린스턴대 박사과정 시절

1908년 8월 하버드대에서 석사과정을 끝낸 이승만은 학부 졸업에 이어 또 고민에 빠졌다. 고국으로 돌아가야 할 것인가 아니면 박사학위를 받을 때까지는 미국에 더 남아 있을 것인가.

나는 하버드대학에서 석사 과정을 마치고 고국으로 돌아가고 싶었으나 나의 성격을 아는 부친은 나더러 조금만 더 있으라고 편지를 써 보내 왔다. 그 흥분된 시기에 내가 한국에 있었더라면 나는 결과를 불문하고 무슨 일을 했을지 모른다.

물론 이승만이 귀국을 하고 싶었던 이유 중에는 하버드대 시절이 너무나 힘들었다는 것도 포함돼 있었을 것이다. 하지만 귀국한다고 특별한 대안이 있는 것도 아닌 상황에서 조지 워싱턴대를 졸업했을 때와 마찬가지로 좀 더 머물러 있으면서 공부를 계속하기로 마음 먹었다. 그래서 그는 뉴욕에 있는 유니온 신학교에 기숙하면서 신학 수업을 듣는 한편, 컬럼비아대학 박사과정을 밟을 요량으로 우선 청강을 했다.

이렇게 시간을 보내고 있던 차에 이승만은 우연히 장로교 해외 선교부 사무실을 방문했다가 한국에 있을 때부터 안면이 있는 어니스트 F.홀Hall 목사를 만났다. 홀은 이승만이 한국에 있던 무렵 선교사로서 활동했던 적이 있었다. 홀은 오랜만에 만난 그에게 "당신은 유니온신학교에 가서는 안 되오. 프린스턴으로 오시오"라고 권고했다. 아마도 이승만은 종교사업보다는 정치 분야에서 일하고 싶은 생각을 말했던 것 같고 그 때문에 홀 목사도 이런 권고를 했다고 볼 수 있다. 이승만은 홀의 권고에 대해 길이 있다면 프린스턴으로 가고 싶다고 했다.

다음 날 아침 이승만은 홀 목사가 프린스턴에서 보낸 속달 편지를 받았다. 그 편지에는 기차표와 시간표 그리고 프린스턴역에서 기다리겠다는 내용이 들어있었다. 그는 만사 제쳐놓고 프린스턴으로 떠났다.

홀 목사는 역에서 기다리고 있다가 이승만이 나오자 바로 그를 데리고 프린스턴대학으로 갔다. 거기서 이승만은 프린스턴 신학교장 찰스어드맨Erciman 교수와 대학원장 앤드류 웨스트West 교수를 각각 만나고 면접을 거쳐 입학 승낙을 받았다. 그래서 그는 프린스턴 신학교 기숙사에 머물면서 프린스턴대 박사과정을 밟을 수 있게 되었다. 당시 급작스런 계획 변경에 대해 이승만은 "나는 후회해본 적이 없다. 프린스턴 시절은 나의 학창시절의 가장 즐거운 시기였다"고 회고했다. 반대로 그의 하버드대 시절은 안팎으로 힘들었다. 교회활동 이외에 이승만은 하버드대에서는 철저하게 고립된 생활을 해야 했다. 이 무렵 그가 제대로 사귄친구가 없었다는 것도 이 점을 반증한다.

이승만은 신학교에서 신학과목 일부를 듣는 한편 정치학과 박사과정에 입학했다. 전후 사정을 고려해 볼 때 이승만은 신학에 뜻이 있었던 것은 아니고 기숙사의 편의를 제공받기 위한 방편으로 신학교 과목을 신청했던 것 같다. 프린스턴대 시절은 유학생활 중에서 이승만에게 가장 의미 있는 기간이었다. 그 시절은 이승만의 정신세계를 급속도로 심화시켰고 경제적부담도 거의 없었으며 수많은 친구와 교수들을 깊이 사귀게 됨으로써 이후 그가 항일운동과 정치활동을 하는 데 더할 나위 없는 일급 자원들을 대부분 얻게 된 시기였다고 할 수 있다. 그로서는 홀목사와 우연한 만남이 인생에서 몇 안 되는 행운 중의 하나였던 것이다.

이 시절 그에게 물심양면으로 도움을 아끼지 않은 사람 중에는 앞서 말한 어드맨 교장과 웨스트 원장을 비롯하여 뒤에 미국 대통령이 되는 우드로우 윌슨 총장과 그의 가족들이 있었다. 이들은 모두 독실한 기독교인들로 이승만의 투옥 경험, 한국에서 기독교 교육에 힘쓰고자 하는 목표, 한국독립에 대한 열정 등을 보면서 상당한 애정을 느꼈던 것이 분명하다.

이승만을 위해 윌슨이 1908년 12월 15일 강연회를 열 수 있도록 써준 추천장을 보면 윌슨이 이승만을 어떻게 생각하고 있었는지를 살필 수 있다.

이승만 씨는 프린스턴 대학원의 학생이며 우수한 능력과 고결한 성품으로 우리들에게 호감을 주었습니다. 그는 놀랄 만큼 자기 나라 한국의 현 상황과 동양의 전반적인 정세에 대해서도 정통합니다. 그리고 이와 같은 정세를 일반 청중에 대해서도 성공적으로 개진했습니다. 그는 애국심이 강한 청년으로 동포에 대해 열렬하고 유익한 일꾼입니다. 동양에 있어서 연구하고 보존하지 않으면 안 되는 우리 미국의 권익을 직접적으로 배우고 싶은 사람에 대해서 나는 기꺼이 그를 추천합니다.

윌슨 부인과 세 딸은 동방의 외딴 나라에서 온 이 건실하고 똑똑한 학생에게 따뜻한 애정으로 대했다. 윌슨의 가족들은 벽난로 주변에서 정담을 나누거나 피아노 주위에 모여 가족 음악회를 열곤 했는데 이승만은 이런 자리에도 종종 초대되었다.

이런 가운데 이승만은 2년 만에 박사학위를 받게 되는데 그것을 보면 박사과정 때도 공부는 매우 열심히 한 것 같다. 1908년 첫 학기에는 국세법·외교론·미국사(상), 1909년 봄학기에는 철학사·미국사(하)를 비롯해 국제법과 외교론을 계속 수강했다. 1909년 가을 학기에는 1789년

이승만의 프린스턴대 졸업기념(1910)

부터 1850년까지의 미국사와 국제법을 공부했고 대부분 시간을 대학 도서관에서 보냈다. 그후 본격적으로 논문 작성에 들어간 이승만은 1910년 봄 「미국의 영향을 받은 중립」이라는 제목의 논문을 완성했다. 1910년은 한일합방이 되던 그 해였다.

1910년 6월 14일 월슨 총장이 정계로 떠나기 직전 마지막으로 참석한 졸업식에서 이승만은 월슨으로부터 직접 박사학위를 받았다. 웨스트 원장은 그에게 가운의 후드를 걸어주며 진심으로 축하했다. 지금도 대다수 국민들이 '이승만 대통령' 보다는 '이승만 박사' 혹은 '이 박사'라고 부르는 바로 그 '박사' 학위를 받는 순간이었다. 그리고 우리나라 사람으로서는 첫 번째 국제정치학 박사였다.

그러나 이승만의 심정은 착잡하기 그지 없었다. 나라는 일본의 속국이 되다시피 한 상태였고 자신은 이제 더 이상 미국에 있어야 할 이유가 없어졌기 때문이다.

졸업식 날이 나의 준비 단계를 종말 짓는 날이었는데 나는 슬픈 감정을 느꼈다. 한국은 내가 나가서 일을 해야 하는 나라였다. 그러나 그 나라는 나의 나라가 아니었다.

그가 박사를 받은 직후인 1910년 8월 29일 조국은 경술국치를 당해 사실상 없어져 버린 것이나 마찬가지였다. 이 소식을 접한 그는 3일 동안 식음을 전폐하고 한없이 울었다고 한다. 부친과 헤어져 미국으로 올 때도, 미국에 온 외아들 태산이 디프테리아로 죽었을 때도 삼켰던 눈물이었다. 최종적으로 귀국을 결심한 이승만은 합방 나흘 뒤인 9월 3일 울적한 마음을 안고 고국을 향한 장도에 오른다.

조국에서 모색과 좌절
그리고 망명

지구를 한 바퀴 돌다

프린스턴대에서 박사학위를 받은 35세 이승만 앞에 놓인 고민은 당장 한국으로 돌아갈 것인지를 결정하는 것보다 귀국 후 무엇을 어떻게 할 것인가가 문제였다.

　이승만이 박사 공부를 끝내고서도 이런 이유로 인해 귀국을 망설이고 있을 무렵 그에게 아주 솔깃한 제의가 들어왔다. 서울 YMCA(황성기독청년회)에서 일하고 있는 공업부 간사 G.G. 그레그Gregg가 그를 찾아와 서울 YMCA학생부 간사로 초빙하겠다는 국제 YMCA 국제위원장 존 R. 모트Mott의 초청 의사를 밝혀온 것이다. 그는 귀국 결심과 함께 모트의 제의를 받아들였다. 이것으로 귀국해서 해야 할 '무엇'은 일단 해결된 셈이었다.

여기서 우리는 이승만이 변화하는 정세 속에서 상당히 조심스러워하는 면모를 읽을 수 있다. 사실 아무리 나라가 망했다고는 하지만 프린스턴대 박사를 받고서 대학교수가 아니라 사회단체의 중간 간부를 맡는다는 것은 아무래도 격에 어울리는 것은 아니기 때문이다.

이승만은 그동안 자신이 미국에서 벌인 반일 활동으로 인해 귀국할 경우 신상에 좋지 못할 것이라는 판단을 했다. 이 같은 신변의 위협은 학부나 석사를 마칠 때마다 부친이 보낸 여러 차례의 귀국 만류 편지를 통해서도 간접적으로 확인된다. 그럼에도 불구하고 그가 YMCA의 제안을 받아들인 이유는 물론 대학시절부터 그가 '기독교 교육'에 종사해야 겠다는 생각을 갖고 있었기 때문이다. 하지만 1910년이라는 맥락에서 볼 때 그 이유는 신분 보장을 받으려는 의도가 더 컸던 것으로도 볼 수 있다. 아무래도 YMCA에서 일하는 것이 식민지 한국에서 신분 보장에는 유리할 것이기 때문이다.

이승만은 YMCA측에 양해를 구해 귀국 루트를 태평양이 아닌 대서양으로 결정했다. 이 또한 이승만다운 결정이었다. 이번에 귀국하면 다시 세계여행을 할 기회가 없다고 판단한 그는 국제정치의 본무대인 유럽 국가들을 돌아보고 귀국해야겠다고 생각한 것이다.

1910년 9월 3일 그는 뉴욕에서 유럽행 'S.S.발틱' 호에 올랐다. 대서양을 건너 영국 리버풀에 상륙한 그는 런던 파리·베를린·모스크바 등을 4주 가량 구경한 다음 시베리아 대륙 횡단철도를 타고 바이칼호를 거쳐 10월 말경 만주를 지났다.

경의선을 타고 평양을 거쳐 이승만이 서울에 도착한 것은 뉴욕을 떠난지 1개월 7일 만인 10월 10일 늦은 밤이었다. 6년 만에 남대문역(지금의 서울역)에서 부친을 만난 이승만은 며칠 동안 자신이 미국에서 겪은 일과 국내에서 일어난 일 등을 화제로 얘기를 나누었다.

이승만 귀국과 관련해 또 한 가지 짚어야 할 사실은 10월 16일자 독부 기관지 『매일신보』에 실린 "미국에 유학하던 이승만 씨는 동부 연동蓮洞 경신학교 교사로 피선되야 거초(지난) 10일 8시 10분에 남대문착南大門着 열차로 입성하였다더라"는 단신이다. 여기서 경신학교 교사란 언더우드가 추진하던 경신학교 대학부(지금의 연세대학교) 교수를 뜻한다. 귀국을 앞두고 여러 가지를 알아보던 중에 당연히 언더우드와도 자신의 신상과 관련된 상의를 했을 것이고, 언더우드는 이승만을 장차 세우게 될 대학부 교수로 기용하려 했을 것이다. 그러나 언더우드의 이런 계획 자체가 1915년에야 실현됐기 때문에 우리는 '연희전문학교 교수 이승만'은 볼 수 없게 된다.

독립협회의 후신, 황성기독청년회

1899년 독립협회를 계승한 만민공동회마저 이승만의 투옥으로 해체되자 서울의 개화 엘리트 그룹인 기독교 청년 150여 명은 아펜젤러·언더우드 등 선교사들과 함께 YMCA 창설 운동을 벌였다. 이런 요구를 접수한 북미 YMCA 국제위원회는 중국에서 YMCA 운동을 개척한 D.W. 라이언Lyon에게 현지조사를 명했고 1900년 6월 28일부터 9월 17일까지 현지조사를 마친 라이언은 긍정적 평가를 내렸다. 이를 받아들인 북미

YMCA 국제위원회는 질레트를 창설 전담 간사(총무)로 파견했다. 필립 L. 질레트Gillet(한국명 길예태)는 콜로라도대를 졸업하고 예일대 YMCA 전도담당 부목사로 봉직하다가 이승만을 초청한 존 모트의 추천으로 한국 YMCA 창설 책임을 띠고 파송되었다.

그는 짧은 기간에 회관 건물을 확보하고 조직을 구축해내는 뛰어난 행정력과 함께 김정식·이상재·윤치호·신흥우·김규식·전덕기·이승만 등 민족개화운동가들을 YMCA와 연결시킴으로써 민족운동의 정맥正脈을 YMCA와 접목시키는 데 결정적인 역할을 했다는 평가를 받는다. 이후 서북지방의 신민회와 서울 중심의 YMCA가 백성들에게 은연중에 개인적 자각과 희생정신을 고취함으로써 일본의 억압통치에 저항할 수 있는 에너지를 불어넣고 있다고 판단한 일본 당국이 '105인 사건'을 조작해서 대대적인 탄압에 들어가자 이를 국제사회에 폭로하는 데도 앞장섰다. 결국 일본의 압력으로 1913년 한국에서 추방된 질레트는 그후 중국 난징과 상하이에서 YMCA총무로 재직하면서 계속 한국독립운동을 측면에서 지원했고, 특히 1919년 상하이에 대한민국임시정부가 들어설 때에는 재정적 지원도 아끼지 않았다.

질레트의 적극적 활동에 힘입어 1903년 10월 28일 창립총회를 갖고 황성기독교청년회, 즉 서울 YMCA가 발족하게 됐다. 당시 창립이사 12명의 명단에는 언더우드·헐버트·애비슨·게일 등 이승만과 가까웠던 선교사나 의사 등의 이름이 포함돼 있고 한국인으로 세브란스 의전 1회 졸업생인 김필순과 미국공사관 통역관 여병현 두 사람이 들어있어 눈길을 끈다. 여병현은 여운형과 먼 집안 사람이지만 청년기 여운형에게 커다란 정신적 영향을 준 인물이다. 물론 황성기독교청년회가 창립됐을 때 이승만은 감옥에 있었지만 마음 속으로 커다란 기대를 품었을 것이다. 특히 같이 감옥에 있다가 석방과 함께 YMCA에 투신한 이상재는 훗날 이승만이 YMCA에 합류하게 되는 과정에서부터 합류한 이후까지 결정적인 도움을 주게 된다.

'이굉장 선생', 기독교 사업에 헌신하다

이승만은 귀국 직후 그를 서울 YMCA학생부 간사(총무)로 추천했던 '한국의 톨스토이'(미국 선교사들은 이상재의 높은 학식과 고매한 성품을 존경해 이렇게 불렀다) 월남 이상재를 찾아갔다. 이상재는 젊어서 이미 워싱턴 주재 한국공사관의 1등 서기관을 역임해 세상물정에 밝았을 뿐만 아니라 이승만 자신이 기독교에 입문시킨 옥중 동지이기도 했다.

이렇게 해서 이승만은 10월 중순부터 YMCA학생부 간사 겸 YMCA학교의 학감學監으로 본격적 활동에 들어갔다. 그가 맡은 일은 강연과 강의였다. 각종 집회에서 신앙 강연을 하고 성경 연구반을 지도하는 일이었다. 서구 사회에 대한 해박한 지식과 탁월한 말솜씨는 금방 그의 명성을 높여 놓았다. 그러나 노골적으로 독립을 역설할 수 없는 분위기였기 때문에 오히려 기독교 신앙 중심의 강연에 몰두했던 시기였다.

당시 YMCA학생이었던 정구영鄭求瑛 전 공화당의장이 1975년 『한국일보』 기획연재 '인간 이승만 백년'에서 증언한 것을 보면 이승만은 영어와 같은 액센트를 사용해 선교사 같은 말투였다고 한다. 그래서 전도사나 목사의 설교 말투에 익숙치 않았던 사람들은 거부감을 느꼈다는 것이다.

정구영이 증언한 또 한 가지의 일화는 이승만의 성격을 엿볼 수 있는 좋은 단서를 제공한다. 기독교를 믿지 않았던 정구영 소년이 이승만 학감에게 기도 문제를 가지고 따졌다.

"기도는 왜 합니까."

"기도라는 것은 내 영혼과 하나님이 서로 대화하는 것이다."

"아멘은 됩니까."

"유태말인데 나도 당신 기도에 동의한다는 뜻이지."

"하필이면 왜 유태말을 씁니까? 왜 동의할 수 없는 것을 동의하라고 강요합니까?"

정구영이 대들자 이승만은 낯을 붉히며 호통을 쳤다고 한다. 미국 유학으로 엘리트 의식을 갖게 된 이승만은 자신을 따르거나 최소한 자기에게 동의하는 사람에 대해서는 무한한 애정을 보였지만 그렇지 못한 경우에는 차갑게 대하는 특유의 성품이 이때 이미 형성되었던 것이다. 이는 그의 일생에 걸친 활동 중에 자신의 힘을 얻는 원동력도 되고 정적이나 반대파를 만들게 되는 요인이기도 했다. 여기에는 좋고 싫음을 분명히 하는 그의 성격도 함께 작용했다고 볼 수 있다.

YMCA학감 시절 그의 별명은 '이굉장 선생'이었다고 한다. 그것은 그가 학생들에게 호기심을 불러일으키기 위해 수시로 "야 이거 정말 굉장하지"라는 말을 자주 사용한 데서 비롯된 것인데 어떤 의미에서는 그의 학식에 대한 당시 학생들의 경외감을 담고 있었다고도 할 수 있다.

특히 이승만이란 존재는 당시 학생들에게 선망의 대상이었음이 분명하다. 마치 이승만이 배재학당에 들어가서 서재필을 처음 봤을 때 선망 그대로였다. 많은 학생들은 "나도 열심히 공부하고 유학을 가서 '이꿩장 선생'처럼 돼야지"라는 생각을 품었을 것이다. 이승만을 줄곧 따랐던 임병직林炳稷 전 외무부장관이나 그에게 다소 반감을 품었던 정구영도 이때 '이승만처럼 훌륭한 사람이 되기 위해' 유학을 가야겠다는 생각을 가졌다고 증언했다.

1911년 초여름과 가을 두 차례에 걸쳐 이승만은 전국 전도 여행을 떠났다. 그는 이 여행을 통해 기독교계 학교의 실태를 돌아보고 특별 집회를 개최하며 지방 YMCA를 조직했다. 그가 YMCA 국제위원회에 보낸 보고서에는 이런 대목이 있다.

"우리는 5월 16일 서울을 출발해 6월 21일에 돌아왔습니다. 이 37일 동안 우리는 13개소의 선교 본부를 방문했고 33회의 집회를 가졌습니다. 참가 인원은 7,533명입니다."

전체 거리는 3,600km 였고 기차·선박·나귀·달구지·인력거·가마 등 당시에 이용 가능한 거의 모든 운송 수단을 이용하고 걷기도 많이 한 대장정이었던 셈이다. 가을에도 걸어서 약 400km의 전도 여행을 했다. 이 전도 여행은 많은 사람들이 이승만이란 사람을 직접 접할 수 있는 기회를 제공했다는 점에서 우선 의미를 갖는다. 만민공동회의 연사 이후 대중들에게 널리 알려지는 두 번째 계기였기 때문이다. 동시에 이승만 개인에게는 식민지화된 이후 1년이 지난 한국의 실정을 구석구석 목격하고 알게 됐다는 것이 가장 중요한 의미를 가질 것이다.

원래 남 앞에 서기를 좋아하고 체질적으로 교육가나 정치가의 소질을 타고났던 이승만으로서는 일체의 집회가 금지된 가운데 유일하게 대중 앞에 서서 연설을 하고 교육을 할 수 있는 YMCA학감이라는 자리가 싫지 않았을 것이다.

'105인 사건'이 터지다

이승만이 귀국한 지 두어 달이 지난 1910년 12월, 압록강 철교 준공 축하식이 있었는데 조선 총독 데라우치가 신의주를 향하여 출발하는 날이나 서울로 돌아오는 날 그를 암살하려는 음모를 꾸몄다는 혐의로 기독교계 인사들에 대한 대대적인 검거 선풍이 불기 시작했다. 이른바 105인 사건의 발단이다. 그래서 1911년 내내 기독교의 주요 인사 600여 명이 검거됐다. 물론 식민지 길들이기의 일환으로 꾸민 조작 사건이었지만, 1911년 9월 윤치호를 필두로 이승훈·양기탁·유동열·안태국 등 애국지사들이 대거 검거되었다. 재판 결과 105인 만이 유죄판결을 받아 '105인 사건'이라고 부른다. 1년 가까이 계속된 이 일로 기독교계의 중견지도자 이승만은 신변의 불안을 느끼지 않을 수 없었다.

그는 검거선풍이 불던 1911년 가을에도 제2차 지방 전도여행을 감행했다. 그러나 일본 관헌의 손길이 점차 자신에게 미칠 것을 직감한 이승만은 탈출구를 모색했다. 그가 체포를 면할 수 있었던 결정적 이유는 질레트 총무와 마침 그때 한국을 방문중이던 존 모트 YMCA국제위원 장의 적극적인 개입 덕분이었다. 이들은 일본측에 미국에서 이름이 알려진 이승만을 체포할 경우 미국과 외교적 마찰을 빚을 수도 있다고 경고해 이승만은 체포를 면할 수 있었다는 것이다.

일본에 머물고 있던 감리교 동북아 총책 해리스Harris 감독이 서둘러 한국으로 왔고 장로교 해외선교부 총무 아서 브라운Brown 박사도 한국에 들어와 진상조사를 한다며 일본을 압박했다. 그러나 이승만으로서는 식민지 한국에 남아 있는 한 여전히 '독안에 든 쥐' 신세였다. 활로를 열어 준 사람은 해리스 감독이었다. 1912년 봄 미니애폴리스에서 세계 감리교총회가 열릴 예정이었는데 이승만이 한국의 평신도 대표로 선출된 것이다. 출국허가를 받아내는 과정에서도 해리스 감독의 도움이 컸다.

결국 이승만은 1912년 3월 26일 서울을 떠났다. 귀국한지 17개월 만에 다시 중풍으로 고생하고 있던 아버지와 눈물의 작별을 나눠야 했다. 그 때는 두 사람 다 마지막이 될 것임을 예감했을 것이다. 실제로 부친 경선공은 1913년 12월 5일 사망했으므로 이것이 그로서는 부친과 마지막 작별이었다. 이렇게 떠나는 것으로 첫 부인 박씨와도 완전히 헤어지게 된다.

이승만이 두 번째 도미에 나서야 했던 3월 26일은 마침 서른 일곱 번째 생일이었다. 첫 번째 도미는 밀사와 유학을 겸한 것이라 신변의 위협은 있었어도 희망을 품을 수 있는 여행이었다면 이번 도미는 미국 선교사들에 의해 신변보장은 됐지만 실은 개인적으로는 한 치 앞 길을 알 수 없는 '절망의 망명길' 이었다.

하와이를 근거지로 삼다

배재학당 노블 박사와 재회

미니애폴리스 세계 감리교대회에서 이승만은 배재학당 시절 영어 교사였던 노블 박사를 만났다. 노블은 한국의 교직자 대표로 참석해있었다. 두 사람은 같은 방을 배정받았다. 배재학당 시절 그는 노블을 친일적이라는 이유로 멀리 했었다. 그러나 뜻밖에도 노블은 이번 대회가 한국교회에 대해 꾸미고 있는 '음모'에 관해 이야기를 해주었다.

이승만과 노블은 한국의 정치와 기독교회의 현황에 대하여 많은 이야기를 나누었다. 어느날 저녁에 노블은 이승만에게 타이프라이터로 친 비밀문서 하나를 보여 주었다. 내용은 요 몇 해 사이에 몇몇 선교사들이 중국에 파견되었는데, 표면상으로는 중국의 문맹퇴치를 돕기 위하여 중국인에게 간편한 한글 자모를 보급시키는 것을 표방하고 있으나 실제로는 한국감리교회를 일본교회에 병합시키려는 시도를 저지하기 위하여 안국교회를 북중국회의에 통합하는 일을 추진하고 있다는 것이었다. 이승만으로서는 놀라우면서도 부끄러운 일이었다. 자신이 노블 박사를 오해한 것이 너무나도 창피했다. 누구나 엄청나게 잘못 평가될 수도 있다는 생각에서였다. 그로부터 한참이 지나 한국이 독립한 이후 몇 년간 이승만은 노블 박사의 아들 해롤드로부터 많은 도움을 받았다. 그는 한국이 겪고 있는 어려움을 미국인들에게 인식시키기 위해 백방으로 노력했다(『올리버 전기』). 또 노블은 일본을 맹목적으로 추종하는 해리스 감독을 조심하라고 충고해주었다. 이런 가운데 이승만은 세계감리교대회에서 다음과 같은 연설을 했다.

기독교나 민주주의 정신은 약자를 보호하는 데 있다. 지금 일본은 무력으로 한국의 주권을 빼앗고 한국인을 지독히 탄압하고 있다. 그러니 세계의 기독교도는 모름지기 단결하여 이 피압박 민족을 하루바삐 해방시키고, 아시아의 평화를 이룩하며 나아가서는 세계 평화 유지에 이바지하여야 할 것이다. 나는 이를 전능하신 하느님의 뜻이라고 생각한다.

연설은 일본의 기득권을 인정하는 참석자들로부터 많은 비난을 받았다. 회의의 결론도 일본과 긴밀히 협조함으로써 한국과 일본 내의 선교 사업을 보호한다는 기존의 선교방침을 재확인하는 것으로 끝났다.

이승만은 석사나 박사를 마친 직후와 마찬가지로 또 다시 진로문제로 고민에 빠졌다. 귀국을 할 것인지 아니면 미국에 남아 일을 도모할 것인지가 문제였다. 이 무렵 이승만은 서울의 언더우드로부터 연희전문학교 교수로 취임하라는 제의를 재차 받는다. 그는 신분 보장상의 문제를 들어 거절했다.

이 무렵 이승만으로서는 여러 면에서 슬럼프기였다고 할 수 있다. 그는 감리교 총회가 끝난 후 뉴저지 주지사로 민주당 대통령 후보이던 은사恩師에 우드로우 윌슨을 만나기 위해 그의 별장이 있는 시거트로 갔다. 이승만이 윌슨을 만난 것은 6월 19일이었다. 윌슨을 만난 이승만은 식민지 한국의 참상을 설명하고 한국의 해방을 세계에 알리는 성명서에 서명을 해달라고 요청했다.

"개인적으로는 얼마든지 당신의 뜻에 동의한다. 그러나 미국의 정치를 위해 서명을 할 수 없다. 하지만 나는 모든 약소국을 위해 할 일을 생각중이다."

후에 윌슨의 민족자결주의가 나왔을 때 이승만이 그 중요성을 누구보다 먼저 감지할 수 있었던 것도 이런 만남과 무관하지 않았을 것이다.

이승만은 6월 25일 볼티모어에서 열린 민주당 대통령 후보 지명대회를 참관했다. 윌슨은 악전고투 끝에 겨우 후보로 지명을 받았다. 지명대회가 끝나자 이승만은 대학시절 여름 휴양지였던 뉴저지주 오션 그로브를 찾았다. 그러나 대학시절 그를 항상 따뜻하게 대해줬던 보이드 부인은 없었다. 그녀는 그가 대학원을 마치던 무렵인 1908년 8월경 세상을 떠났기 때문이다.

오션 그로브에서 이승만은 학창시절의 즐거웠던 추억을 떠올렸을 것이다. 그후 워싱턴에 간 이승만은 다시 신앙 간증을 겸한 강연을 열심히 하고 다녔다. 서명을 거부했던 윌슨도 "나 한 사람의 서명을 받을 생각을 하지 말고 미국민들의 마음의 서명을 받도록 하시오"라며 강연회 추천장을 써주었다. 당시 강연은 과거의 강연과 달리 한국 독립에 관한 비중이 상당히 약화되어 있었던 것 같다. 그가 11월 18일자 『워싱턴 포스트』와 회견한 내용을 보자.

지난 3년 동안 한국은 전통이 지배하는 느림보 나라에서 활발한 산업 경제의 한 중심으로 변모했다.

이 말은 듣기에 따라 일본의 식민지가 됨으로써 한국이 산업화되어가고 있다는 말이다. 이것만 놓고 본다면 전형적인 일본측의 논리이자 친일파의 논리다. 그러면 그가 왜 느닷없이 이런 발언을 한 것일까. 그는 신분에 대한 불안 때문에 언더우드의 연희전문 교수 제의를 거절한 바 있다. 미국에서 교수 취직은 여의치 못했다. 이때 이승만은 갈림길에 섰다. 그로서는 교수직에 대한 미련을 갖고 있었던 것이 분명하다. 그렇다면 길은 연희전문의 교수가 되는 것인데 '문제인물'로 낙인찍혀 있는 것이 문제였다.

올리버도 이 무렵의 이승만에 대해 '대학 교수를 할까 하는 생각을 버리지 못하고 있었다'고 적고 있는 것으로 보아 이는 상당히 개연성 있는 추론이다. 그의 고민은 1913년 12월 옥중 동지로 의형제까지 맺은 박용만이 그를 하와이로 초정할 때까지 계속된 것으로 보인다. 그 사이에 이승만은 별다른 활동을 하지 않고 조용히 지냈기 때문이다.

박용만의 초청으로 하와이로 가다

이 무렵까지 박용만이 어떤 길을 걸어왔는지를 간략히 살펴볼 필요가 있다. 이승만보다 6년 늦은 1881년 강원도 철원에서 태어난 박용만은 이승만보다 늦은 1903년 보안회 사건으로 들어와 이승만과 함께 한성 감옥에 있다가 1904년 도미하여 네브라스카 주에 있는 링컨고등학교에서 1년간 수학한 후 1906년 헤이스팅스대학에서 정치학을 공부했다. 일찍이 독립운동의 방향을 무력투쟁에서 찾은 박용만은 1909년 네브라스카의 한 농장에서 한인소년병학교를 설립해 1912년 첫 졸업생 13명을 배출하기도 했다. 1911년에는 재미동포 단체인 대한인국민회의 기관지 『신한민보』의 주필을 맡았고, 1912년 11월 30일 하와이로 건너가 대한인국민회 하와이지부의 기관지 『신한국보』 주필을 맡고 있었다. 박용만이 이승만을 초청한 것은 바로 이 시점이었다.

이승만이 감옥에 있을 때 이승만·박용만·정순만을 가리켜 '3만'이라 부르곤 했다. 박용만은 그 무렵 "나의 일생을 이승만 씨 하는 일에 제공하겠다"고 말했다. 그래서 박용만은 자신을 량치차오梁啓超에, 이승만을 캉유웨이康有爲에 비유하곤 했다. 이승만의 옥중원고 『독립정신』을 출간하기 위해 원고를 미국까지 가져오고, 아들 태산을 미국으로 데리고 온 것도 바로 박용만이었다.

이승만은 박용만의 초청을 기꺼이 받아들여 곧장 하와이로 떠났다. 박용만이 그를 하와이로 초청한 배경에 대해 손세일은 이렇게 풀이했다.

그는 국민회 하와이 지방총회를 하와이 동포들의 실질적인 자치정부로 기능하게 하고 군대도 양성하면서 하와이 동포사회를 독립운동기지로 만들기 위해서는 이승만의 명성과 지도력이 필수적이라고 생각한 것이다.

마침 이승만이 하와이행을 결심한 또 다른 이유는 비슷한 시기에 하와이 제일감리교회 감리사 와드먼 박사의 초청도 있었기 때문이다. 그가 1904년 처음 미국으로 가던 중에 하와이에 들렀을 때 만났던 그 사람이었다.

1912년 말~1913년 초 서재필을 비롯해 미국과 한국인 친지들을 두루 만난 이승만은 1월 28일 샌프란시스코에서 하와이행 기선 '시에라Sierra'에 올라 2월 3일 하와이 호놀룰루항에 도착했다. 이승만도 훗날 자신이 바로 그곳에서 곡절 많았던 삶을 마감하게 될 줄은 꿈에도 몰랐을 것이다. 많은 교민들이 나와 환영해 주었지만 이승만은 충격적인 소식도 함께 접해야 했다.

아버지가 돌아가셨다는 전보가 와 있었던 것이다. 그는 훗날 자서전 초고에 그 날의 심정을 다음과 같이 적어 놓았다.

"아버지는 만년에 나 때문에 얼마나 고생하셨는지 모른다. 나는 그때의 아버지를 생각하면 자다가도 벌떡 일어나지 않을 수 없다."

이로써 이승만은 가족과 완벽하게 절연하게 됐다.

한인 사회와 와드먼의 충돌

하와이에 도착하자마자 이승만은 부친의 별세 소식을 들어야 했다. 그런데다가 하와이의 현실문제도 그를 괴롭혔다. 박용만의 구상과 별개로 감리사 와드먼 박사가 이승만을 초청한 이유도 거기에 있었다. 이를 위해서는 약간의 배경설명이 필요하다.

하와이 한인들에 대한 선교는 이승만이 처음으로 도미하던 때인 1904년 감리교 선교회로부터 와드먼이 파송되면서부터였다. 그러니까 당시 이승만이 하와이에서 와드먼을 만날 수 있었던 것도 그 직전에 그가 이미 하와이에 파견됐었기 때문이었다. 일본인이나 중국인과 달리 한국인들은 기독교에 대해 적극적이었다. 4,000여 명의 한인들 사이에 기독교는 급속도로 확산됐고 한인 거주지마다 교회가 설립될 정도였다.

하와이 한인이민은 1903년 1월 13일 제1진 101명이 호놀룰루에 도착하면서 시작됐다. 이들의 신분은 주로 농민·하급 관리·학생·광부·하인·망명자 등이었고 기독교 신자들이 많았다. 중국인들의 하와이 이민은 1882년 「중국이민 배척법」이 발효되면서 중단되었고, 이어 일본인 이민이 진출했지만 파업이 잦고 요구 조건이 까다로워 농장주들이 기피하는 바람에 한국이 대상이 되었다. 이때 주한미국공사 알렌이 고종의 재가를 받아냄으로써 하와이 이민이 시작됐기 때문에 기독교 신자들이 많은 것은 어쩌면 당연한 것으로 볼 수 있다.

이렇게 시작된 이민은 1905년 을사늑약이 체결될 때까지 계속돼 그 수가 총 7,226명으로 남자 6,048명, 여자 637명, 어린이 541명이었고 남자들은 대부분 20세에서 30세 사이였다. 이들은 여러 가지 악조건에도 불구하고 자녀교육에 열성이었고, 농장계약이 끝난 사람들은 도시로 나와 소규모 장사를 해서 경제적 기반이 상당히 개선되었다. 이승만이 하와이에 도착한 것이 1913년이었으므로 한인들의 삶은 여러모로 나아져 있을 때라고 볼 수 있다. 이 무렵 한인단체 활동이 활발할 수 있었던 것도 이같은 경제적 기반이 있었기 때문이었다. 그러나 막상 도착해보니 하와이의 상황은 생각보다 훨씬 복잡하게 얽혀 있었다. 처음에는 와드먼의 도움을 얻어 신앙을 받아들이고 교회도 세우고 영어와 한글로 가르치는 민족학교도 세우고 했지만 점차 한인사회는 한국보다 일본을 우위에 두고서 선교정책을 펼치려는 감리교와 와드먼에 대해 거부감을 갖기 시작했다. 특히 1910년 경술국치 이후 한인들은 더욱 반일 성향을 보였고 그럴수록 감리교 선교부와 충돌을 빚을 수밖에 없었다.

이승만이 도착하기 전인 1912년 10월 5일자 일본계 신문에 보도된 '일본영사관이 한인韓人 구제금 750달러를 와드먼에게 주었다'는 기사가 발단이었다. 한인들은 한국인이 일본의 구제금을 받을 이유가 없다며 들고 일어났다. 이에 대해 와드먼은 구제금을 받은 것이 아니라 감리교에서 운영하는 한인기숙학교의 보조금을 받은 것일 뿐이라고 해명했다. 원래 한인기숙학교는 이승만과도 가까웠던 현순玄楯 등 한국인 목회자들이 중심이 돼 1905년 한인사회에서 2000달러를 모금하고 해리스 감독이 1만 달러를 끌어들여 1906년 9월 학기부터 시작한 학교였다. 6학년까지 있었고 첫 해의 학생수는 65명이었다. 이듬해 미국 정부가 인정하는 사립초중등학교로 출범했다.

이에 한인사회는 다시 "일본 돈으로 우리 아이들을 가르칠 수는 없다"고 맞섰고 와드먼도 "학교의 운영은 감리교단이 알아서 하는 것이니 한국인들이 이래라 저래라 하지 말라"고 강경하게 대응했다. 한인들은 자녀들을 한인기숙학원에서 동맹 퇴학시켜 버렸다. 마침 그때 호놀룰루 밀스스쿨Mills School 에 다니던 한인 학생들도 백인들이 일본과 중국계 학생들을 우대하고 한인들을 차별하는 데 항의해 시위를 벌이고 동맹휴학을 하는 사태가 발생했다.

이승만은 이 같은 갈등이 절정에 이른 시점에 하와이에 온 것이다. 그로서는 입장이 곤란했다. 한인사회는 한인사회대로, 와드먼은 와드먼대로 이승만이 자기편이 되어줄 것을 기대했다. 특히 한인사회는 와드먼과 별도의 한인자유교회를 꾸리고 있었기 때문에 이승만이 이 교회의 목사로 일해주기를 기대했다.

이런 충돌을 겪으면서 한인들은 차제에 한국인만을 위한 고등학교 설립을 추진했다. 한인고등학교 설립에 적극적인 인물이 바로 박용만이었다. 박용만이 이승만을 초청한 이유도 바로 이렇게 해서 만들게 될 한인고등학교의 책임을 맡기기 위함이었다. 그것은 한인사회가 이제 와드먼과는 사실상 결별하겠다는 의지를 보여주는 것이었다. 본토와 하와이 교민들은 이를 위해 이미 3만 달러 모금운동을 진행중이었다. 그러나 감리교에 기댈 수밖에 없는 이승만으로서는 고민스럽지 않을 수 없었다.

여기서 그는 절묘한 타협안을 내놓았다.

"한인들은 학교설립 계획을 계속하라. 단 나는 미국 본토로 돌아가겠다."

그러자 한인들은 일단 한인고등학교 설립계획을 접었다. 이에 와드먼도 한 발 양보해 한인기숙학교의 운영을 이승만에게 맡겼다.

한인 '교육자' 이승만

8월 25일 이승만은 한인기숙학교 교장에 취임했다. 개교 이래 지금까지 교장을 맡아왔던 와드먼의 부인으로부터 학교 재정을 포함한 일체의 운영권도 넘겨 받았다. 그리고 9월 들어 몇 가지 혁신적인 조치를 단행했다.

첫째, 학교 이름을 한인(소년)기숙학교에서 한인중앙학교로 바꿨다. 이미 하와이에는 교회를 중심으로 한 여러 개의 한인 학교들이 있지만 그 '중심'이 되겠다는 뜻을 담은 것이었다. 한인 사회 통합의 의지를 상징하는 조치였다.

둘째, 교사는 미국인 4~5명과 한국인 2명을 채용하는데 한인 교사는 일본과 중국에서 초빙하겠다고 했다. 1년 학비는 60달러이지만 형편이 어려운 학생은 학교 차원에서 일자리를 알선해 줄 것도 다짐했다.

9월 15일 개학한 한인중앙학원은 불과 6개월 만에 학생수가 36명에서 120명으로 늘어났다. 성공적인 출발이었다. 하와이 백인사회에서도 이승만은 늘 뉴스메이커로서 주목을 받았다. 지방지들은 이승만을 한인의 지도자이자 애국자이며 미국의 대통령들과도 친분이 있는 인물이라는 기사를 수시로 쏟아냈다. 한인사회 내에서 이승만의 신망은 더욱 높아질 수밖에 없었다. 게다가 연말 백악관으로부터 윌슨 대통령의 딸 제시 윌슨의 청첩장이 이승만에게 날아들면서 그의 성가聲價는 한없이 치솟았다.

한인 중앙학교 제1회 졸업기념(1914)

　한인중앙학교는 8학년까지 설치하고 다른 공립학교의 교과서를 병행해 졸업을 하게 되면 바로 공립고등학교로 진학할 수 있는 시스템을 갖췄다. 교과내용도 영어와 한국어를 병행하면서 동시에 한문공부도 시켰다. 한문은 이승만이 직접 가르쳤다. 당연히 주말에는 성경반을 신설해 각종 종교활동을 전개했다.

　그는 5월 14일부터 7월 말까지 45일 동안 하와이의 여러 섬들을 구석구석 순방한 적이 있다. 4,000여 교민들의 생활상을 직접 목격함으로써 앞으로 자신이 펼칠 구상이 제대로 실현될 수 있는지를 가늠해보는 투어였다. 마침 하와이 군도는 8개의 유인도有人島로 구성돼 있었다. 이승만은 8도를 '조선 8도'에 비유하며 이렇게 말하기도 했다.

하와이 여덟 섬에 한인 아니 가 있는 곳이 없으니 가위 조선 팔도라, 섬 도島와 길 도道가 뜻은 좀 다르나 음은 일반이니, 이것을 과연 우리의 남조선이라 이를 만한지라. 장차 이 속에서 대大조선을 만들어낼 기초가 잡히기를 바랄지니, 하나님이 십년 전에 이리로 한인을 인도하신 것이 무심한 일이 아니되기를 기약하겠도다.

이처럼 이승만은 하와이에서 '기독교 소小조선'을 만들 포부를 키워가고 있었다. 그런데 하와이 순회여행 도중 이승만이 가장 충격을 받은 것은 한인 소녀들의 불쌍한 처지였다. 아예 학교를 다니지 않을 뿐만 아니라 개중에는 어려서 중국인이나 하와이 본토인에게 팔려가 한국말을 모르는 여자 아이들도 있었고 어린 나이에 부모들로부터 결혼을 강요받는 경우가 적지 않았다. 7월 29일 이승만은 여행을 마치고 호놀룰루로 귀환하면서 그 중에서도 사정이 어려운 소녀 6명을 함께 데리고 왔다. 이때는 아직 이승만이 교장으로 취임하기 전이었기 때문에 일단 감리교 여선교회에서 운영하던 수잔나 웨슬리 홈에 소녀들을 맡겼다. 그곳의 사감이던 앤더슨 양은 "당분간 이 아이들을 맡아 주겠지만 공립학교에 보내 다른 인종들과 융화되도록 해야 할 것"이라는 입장을 보였다. 반면 이승만은 한인은 한인학교에서 가르쳐야 한다는 입장이었다. 그 바람에 한인중앙학교가 개학할 때 소녀 6명도 입학했고 다른 소녀들도 공부를 하겠다고 찾아오는 바람에 11월 기준으로 등록학생 99명 중 18명이 여학생이었다.

1914년은 박용만의 해

독립에 관한 구체적 방안보다는 장기적 관점에서 기독교족 민족교육에 헌신하면서 대중계몽을 병행하려던 이승만과 달리 '의형제' 박용만은 무장투쟁 독립노선을 일관되게 추진했다. 특히 1914년은 박용만의 해였다고 해도 과언이 아니다. 1914년 하와이 한인사회의 주연은 박용만이었고 이승만은 조연에 지나지 않았다.

이승만이 하와이를 기독교 민주국 대조선 건설을 위한 '소조선' 실험장으로 생각했다면, 박용만은 하와이를 '소小공화국'으로 생각했고 그 핵심은 군사조직 건설이라고 보았다. 1914년 2월 1일은 대한인국민회 하와이총회 창립 5주년이었다. 이를 기점으로 박용만은 이민자 중에서 대한제국 출신 '광무군인' 500명을 비롯해 하와이 군도에 있던 청년학생들을 대거 동원한 호놀룰루 시가행진을 기획했다.

오전 10시 펀치볼에 위치한 한인중앙학교 강당에서 기념식 및 신임총회장 취임식이 열렸다. 이 자리에서는 총회장 박상하朴相夏가 물러나고 '국민보사' 총무 김종학金鍾學이 후임 총회장으로 선출됐다. 이어 오후 1시부터 빈여드청년회 운동장에서 군대운동軍隊運動이라는 이벤트가 열렸다. 광무군인과 청년학생 그리고 호놀룰루의 구세군 군인까지 모두 250여 명이 3중대와 적십자대로 편성해 제식훈련과 분열을 선보였다. 저녁에는 1,500여 명의 관객이 모인 가운데 문화예술행사가 열렸다. 이승만은 자신의『태평양잡지』에서 이날 행사에 대해 다음과 같이 촌평했다.

이 일 한 가지만 가지고라도 하와이 우리 동포들은 박학사 용만씨의 힘과 애써서 이렇듯 마련한 것은 심히 감사히 여길 일이더라.

그러나 이승만은 내심 수천 달러의 돈이 들어간 이 행사를 '과시용'이라 하여 부정적으로 보았을 가능성이 높다. 그럴 돈이면 학비가 없어 학교에 못나오는 학생들의 장학금으로 쓰는게 더 나을 것이라고 생각하지 않았을까? 이승만의 이런 불만스런 내심과는 별개로 하와이 워싱턴 탄생 기념 행사위원회에서는 2월 22일 거행될 축하 퍼레이드에 한인 군대와 학생들이 참가해 줄 것을 요청했다. 2일에 열린 한인 행사가 미국인들의 눈길도 끌었다는 뜻이다. 조선의 육군과 수군 복장을 한 200여 명의 장정들과 한인중앙학교 학도대가 이 행사에 참여했다. 이승만은 2월 2일 한인만의 행사보다는 미국인들에게 우리를 알린 이 행사에 대해 보다 의미를 부여하면서도 역시 재정문제를 지적하는 것을 잊지 않았다.

이날에 우리에게 돌아온 칭찬과 외국인의 동정 얻은 것은 돈주고 이루 살수 없는 것을 얻은지라. 그 다소한 광경은 국민보에 자세히 났은 즉 보시면 알려니와, 이 일에 합동하여 힘쓴 동포들과 박학사 용만씨의 힘을 어찌 이루 다 치하하리오. 실로 박학사의 주선이 아니면 재정이 무한히 있고라도 능히 행할 수 없을러라.

마지막 문장은 의미심장하다. 독해하기에 따라서는 이미 당시 '재정' 문제가 심각해지고 있었다는 뜻으로 읽을 수 있기 때문이다. 실제로 이듬해 이승만은 재정문제와 독립운동 방향을 놓고 박용만 및 국민회측과 피할 수 없는 갈등을 겪게 된다.

한편 한달 후인 3월 22일 도교의 조선YMCA 대표 최상호가 호놀룰루에 도착했다. 이승만이 한인중앙학교를 맡으면서 한국인 교사는 일본과 중국에서 데려오겠다고 할 때 이미 최상호는 그 후보 중 한 명이었다. 그는 최상호를 통해 교사진을 강화하는 동시에 하와이 한인YMCA 건설을 추진코자 했다. YMCA 본부와 국제위원회와도 교섭이 원만하게 진행돼 4월 16일 한인YMCA가 출범할 수 있었다. 회장에는 이승만이 선출됐고, 부회장은 박상하, 총무는 최상호가 맡았다. 이 시점에서 이승만이 한인YMCA를 세운 것은 한인 기독교인들의 단결과 함께 하와이 백인사회와 소통 창구를 확보하기 위함이었다. 실제로 이후 이승만은 하와이 백인들로부터도 많은 도움과 지지를 얻게 된다. 그리고 6월 19일에는 한인중앙학교가 첫 번째 졸업생 6명을 배출했다.

이처럼 이승만은 기독교 교육운동의 범위를 벗어나지 않는 활동상을 보인 반면 박용만은 군사노선 실현을 위해 한걸음 더 나아갔다. 8월 30일 호놀룰루 북쪽 '산너머' 카할루의 한 계곡 농장에서 병학교兵學校 개교식이 열렸다. 한 농장에 150명을 동시 수용할 수 있는 2층 건물에 사관학교라 할 수 있는 '대조선 국민군단 병학교'가 들어선 것이다. 동포들은 이를 '산너머 병학교'라 불렀다. 이때가 박용만이 가장 큰 성공을 거둔 시점이라고 할 수 있다.

반면 이 무렵 이승만은 한인중앙학교 기숙사 건립에 모든 노력을 쏟고 있었다. 한인 학생들 대부분이 가난한 농장 노동자의 자식들인데다가 여러 섬에서 모여들었기 때문에 학교가 잘 되려면 기숙사가 필수적이었다. 백방으로 뛴 결과 감리교 본부의 지원과 모금 등으로 4,900달러를 마련해 10월 10일부터 사용할 수 있는 2층 건물의 남학생 기숙사 건립에는 성공했다. 여기에는 76명의 학생들이 수용됐다. 문제는 여학생 기숙사였다. 이승만은 동포들에게 손을 내밀었고 2,000달러가 넘는 돈이 모여 여학생 기숙사도 해결했다.

한편 박용만의 국민회는 12월 3일 국민회 하와이 총회회관 겸 국민보사 사옥을 완공했다. 3년여의 모금운동 끝에 어렵사리 완성을 보게된 박용만을 비롯한 국민회 관계자들은 감회가 새로웠을 것이다. 그러나 이승만으로서는 국민회가 하는 일이 너무나도 불만스러웠다. 무엇보다 그는 국민회가 수시로 동포들에게 손을 내미는 '연조捐助'에 대해 부정적 생각을 갖고 있었다. 그도 여학생 기숙사 건립 때 동포들의 연조를 얻어 냈지만 그것은 말 그대로 불가피한 것이었다. 반면 국민회는 스스로 일종의 '무형정부' 임을 자처하고 있었기 때문에 나름의 조세권 차원에서 동포들의 연조를 받는 것이라 큰 문제가 없다는 입장이었다.

이승만과 박용만이 충돌하다

1914년 말 박용만과 이승만의 서로 다른 입장에 대해 올리버는 이렇게 정리하였다.

박용만은 하와이에서 젊은이들을 모아 병학교를 설립했는데, 규모는 작앉지만 사기가 충천한 군대의 모병과 훈련, 지원에 자신의 정력과 능력을 쏟았다. 그는 이승만이 자신의 군대양성계획을 지원하고 한인중앙학교와 병학교가 합병되기를 원했다. 그러나 이승만은 그런 호전적인 자세는 일본의 동북아시아 지배 토대 위에 태평양의 평화를 실현하려는 영국과 미국의 정책에 역행하는 것이며, 우방을 잃게 된다고 믿었다.

시한폭탄은 결국 1915년 벽두에 터졌다. 발단은 국민회 대의회가 제공했다. 총회회관 건축비 사용내역을 실사한 결과 수금위원 박상하가 831달러 15센트, 재무 홍인표가 1,548달러 17센트를 착복한 사실이 드러나 대의원들이 거세게 반발하였다. 이에 김종학 회장을 비롯한 임원들은 두 사람이 일정 기간 안에 돈을 되갚기로 하고 넘어가려 했다. 실제로 회의장에서는 그렇게 넘어갔다.

이승만이 1915년 2월호 『태평양잡지』에서 국민회(와 박용만)에 대한 비판의 불길을 당겼다.

대저 국민회관 건축이 우리에게 학식을 주겠는가 재정을 주겠는가. 일반 동포가 이해득실을 판단하여야 할 것이며 이 잡지 사업과 학생기숙사 일이 잘못되거든 그 책임이 누구에게 있는 것인가를 알아야 할 것이다.
국민회 당국이 지나간 양년에 수입된 의무금을 무엇에 썼는가? 사탕밭에서 땀흘려 모은 돈을 받아서 무엇을 하였는가? 그것을 이승만에게 주었더라면 학생기숙사 건축이 (보다 일찍) 완성되었을 것이며, 국민회는 잘될수도 있고 잘못될 수도 있으나, 학생기숙사는 한 번 세우면 영원히 우리의 자녀들을 양성하는 것이다.

사실 국민회 총회가 새해(1915년) 주력사업으로 선정해 놓은 것이 대부분 박용만의 병학교 지원사업이었다는 점을 감안할 때 이승만의 이 논설은 박용만을 겨냥한 것이었다. 그리고 곧바로 이승만은 하와이 각지를 돌며 한인 이민자들에게 국민회에 돈을 내지말 것을 종용했다.

국민의무금을 비롯한 국민회의 각종 의연금 모금에 큰 부담감을 느끼고 있던 동포들은 이승만의 선동에 크게 동요되었다. 각종 의연금 때문에 한인 노동자들은 같은 노임을 받는 일본인이나 중국인 노동자들보다도 궁핍한 생활을 하고 있었다. 대부분의 노동자들의 한 달 수입으로 20~25달러쯤이었는데, 국민의무금 5달러를 포함하여 각종 의연금으로 국민회가 거두어가는 돈은 1년에 20달러가 넘었다. 그리하여 하와이 정부의 각종 세금과 생활비를 제하고 나면 1년에 저축할 수 있는 돈은 겨우 31달러(월 평균 2달러 50센트) 밖에 되지 않았다.

이승만은 집행부를 공격하는 한편 국민회에 보낼 돈을 자신에게 달라고 교포들에게 요청했다. 이승만의 선동이 크게 먹혀들면서 국민회는 집행부를 지지하는 측과 비판하는 측으로 양분됐다. 이에 김종학 회장은 5월 1일 특별대의원회를 소집했다. 76개 지방회 중 31개 지방회 대의원만이 참석해 정족수 미달인 가운데 김종학을 파면하고 이승만계의 정인수鄭仁秀를 임시의장으로 선출하고 대의원회는 끝났다.

임시의장 정인수는 회계장부를 재조사했고 김종학이 556달러 35센트를 횡령한 사실이 드러났다. 당초 대의원들은 국민회 자체의 규정에 따라 김종학을 처리하려 했으나 상황을 지켜보고 있던 이승만은 다수파를 형성하고 있던 대의원들을 한인중앙학교로 불러 김종학을 징역시키지 않고 공회 재판으로 처치한다는 것을 질책했다. 결국 대의원들은 결정을 번복하고 정인수로 하여금 김종학을 미국 법정에 고소키로 결의했고 5월 4일 김종학은 미국 경찰에 체포됐다.

차제에 이승만은 국민회 접수에 나섰다. 5월 31일 새 임원을 선출하기 위한 대의회가 열렸으나 박용만파 임원과 관계자들이 회의장에 난입해 중단됐다. 결국 6월 5일 다시 열린 대의회에서 감리교회 목사 홍한식洪瀚植이 총회장으로 선출됐고, 안현경安玄卿이 총무로 선임됐다. 홍한식·안현경 둘 다 이승만 '사람'이었다. 이승만이 국민회를 접수해 버린 것이다.

이승만의 리더십 유형과 관련해 이 불행한 사건은 많은 것을 시사해 준다. 그는 아래로부터 정치를 몸에 익힐 기회가 없었다. 그는 조직을 만들기만 했지, 어떤 조직 밑에 들어가서 단계적으로 올라가본 적이 없었다. 이는 그후에도 마찬가지다. 그리고 자신의 학식을 바탕으로 갈 길을 정하면 나머지는 그에 필요하게 조직·동원하는 것이 이승만 특유의 리더십 유형이다. 여론을 중시하기보다는 자신의 통찰에 더 많은 비중을 두는 것도 그의 이런 리더십 유형과 무관하지 않다. 이런 유형은 통상 원만한 타협보다는 자신의 노선을 집요하게 관철시키는 스타일이므로 지지자들에게는 열띤 성원을 받지만 반대자나 정적들에게는 격렬한 비판을 받는다. 이승만은 전형적으로 이런 유형의 지도자에 속했다.

제1차 세계대전과 3·1운동 그리고 '대통령' 이승만

하와이에서 이승만이 교육사업을 전개하고 국민회 및 박용만과 이전투구에 가까운 파워게임을 벌이고 있던 지난 3년간은 실은 유럽에서는 제1차 세계대전이 한창이었다. 1918년에 접어들면서 연합국측의 승리 가능성이 보이기 시작하자 윌슨 대통령은 1월 8일 14개조 세계 평화원칙을 전포했다. 전후처리와 관련된 것으로 식민지하에 있던 약소국들은 독립에 대한 희망을 갖기에 충분했다. 14개 조항 중 특히 약소민족들을 흥분하게 했던 조항은 다음 3개 항이었다.

제1조 평화회의 모든 행사는 반드시 공개하여서 비밀이 없을 것이다.
제5조 식민지와 부속 민족들에 대한 정치적 개량은 각기 민족자결에 의하여 처결할 것이다.
제14조 국제연맹을 설립하여 크고 작은 민족을 물론하고 국가의 주권과 영토보전을 담보할 것이다.

통상적으로라면 이런 국면에서 이승만이 나설 만도 한데 이때 그는 국민회 갈등에 깊이 빠져들고 있었다. 윌슨의 원칙 천명이 있은지 불과 나흘 후인 1월 15일 국민회 하와이총회 대의회(대의원대회)가 한창이었다. 대의원들은 회장 안현경의 재정문제를 물고 늘어졌고 그 배후에 박용만이 있다고 판단한 이승만은 『국민보』에 박용만을 정면으로 반박하는 장문의 성명을 발표했다. 어찌 보면 세계 정세가 급변하고 있던

1918년 초라는 시점에서 이런 이전투구를 벌이는 이승만과 박용만의 모습이 민망하기까지 하다. 이런 투쟁을 거치며 이승만이 다시 국민회를 장악하자 기존의 박용만을 따르는 국민회 세력은 별도의 연합회를 구성해 나가기도 했다. 이런 일이 발생하자 샌프란시스코 국민회 본부의 안창호도 박용만의 분립행위들 강도 높게 비판했다.

한편 이승만은 한인여학원 독립으로 한인남학생의 교육문제가 그대로 남아 있는 것을 해결하고자 했다. 그가 그만둔 뒤에도 한인중앙학교는 감리교측에서 계속 운영하고 있었다. 차제에 한인여학원을 확대해 남녀공학 학교를 만들려고 한 것이다. 다행히 국민회를 장악하고 있을 때라 자금의 여력이 있었기 때문에 일은 과거보다 쉽게 추진할 수 있었다.

한인여학원 부지와 국민회 소유의 엠마기지 땅을 처분하고서 카이무과 지역에 있는 기존의 건물을 구입해 수리한 뒤 남녀학생을 위한 기숙사까지 갖춘 '한인기독학원Korean Christian Institute'을 1918년 9월에 열었다. 이로써 온전히 이승만의 교육철학을 심을 수 있는 남녀공학의 한인학교가 탄생하게 된 것이다. 훗날 이 학교는 이승만이 대통령이 된 후 국내 인하공대로 연결된다. 이승만이 1954년 남은 학교 재산을 처분해 자신이 주도한 인하공대 설립에 기부했기 때문이다. 인하공대의 '인하'는 각각 인천과 하와이의 이름을 딴 것이다. 1952년 전쟁 중에 이승만은 미국 MIT에 버금갈 수 있는 대학을 세우라고 지시하여 공대로 출범하게 됐다.

한인기독학원 설립으로 이승만은 감리교와 완전히 단절했다. 이어 교회도 감리교로부터 독립시키는 작업에 나서 그해 12월 23일 마침내 한인기독교회도 설립하였다. '이박사 교회'로 불린 한인기독교회는 그 후 이승만이 자신의 독립운동 정신을 설파하는 전진기지의 역할을 하게 된다. 뜻밖에도 이승만은 다음 해에 자신이 임시정부 대통령으로 추대되리라고는 꿈에도 생각지 못한 채 하와이 내 교육 및 종교사업에 몰두하고 있었다.

1918년 11월 11일 제1차 세계대전이 끝났다. 연합국은 1월 18일 파리에서 강화회의를 개최한다고 발표했다. 한인사회도 이 회의를 이용해 한국의 독립을 얻을 기회를 얻어야 한다고 보았다. 그래서 대한인국민회 중앙총회는 1918년 12월 1일 재미 한인 전체회의를 소집해 이승만·정한경鄭翰景·민찬호閔贊鎬를 평화회의 대표로 선출했다. 민찬호는 이승만이 세운 한인기독교회 초대목사이기도 하다. 이에 따라 이승만은 하와이에 간 지 정확히 6년만인 1919년 1월 6일 호놀룰루를 출발하는 엔터프라이즈호를 타고 15일 샌프란시스코에 도착했다. 그러나 이들은 미국 정부의 비자 발급 거부로 결국 파리강화회의에는 참석하지 못했다.

그러자 이승만과 정한경은 서재필 등과 의논한 결과 즉각적인 독립보다는 차선책으로 국제연맹에 위임통치청원을 내는 것이 미국 여론의 지지를 얻는 데 유리한 것으로 생각하고 2월 25일자로 미국 대통령에게 한국의 완전독립을 담보로 당분간 국제연맹의 위임통치를 받게 해달라는 청원을 보냈다. 실제 제출된 날짜는 3월 3일이었다. 이로 인해 이승만은 지금도 일부 세력으로부터 비난을 받고 있으며 또 상해임시정부에서 탄핵을 받게 되는 결정적 단서를 제공했다. 3·1운동이 터졌는데도 위임통치를 청원했다는 것은 독립 의지를 버린 것이라는 논리였다.

3월 9일 안창호는 상하이의 현순으로부터 3월 1일 서울을 비롯한 전국에서 대한독립 선언이 있었다는 내용의 전보를 받는다. 그 전보는 '이승만 박사는 어데 있소, 회전回電하시오'라며 끝난다. 안창호는 즉각 이 소식을 이승만에게 알렸다. 이 소식을 들은 그의 첫 반응은 "천고千古에 희한한 일이며 하느님의 도우심"이었다. 그가 처음으로 취한 조치는 한국 내 애국자들이 일본으로부터 탄압받지 않도록 미국이 중재를 해달라는 내용을 미국무부에 전보로 요청한 것이다.

3월 말이 돼서야 미주에도 임시정부와 관련된 소식들이 하나둘 전해지기 시작했다. 4월 4일 현순은 이승만에게 상하이에서 임시정부가 선포됐다는 내용의 전보를 보냈다. 4월 5일자 『신한민보』에는 만주에서 대한공화국 임시정부가 선포돼 대통령 손병희, 부통령 박영효, 국무경 이승만, 내무경 안창호, 탁지경 윤현진, 법무경 남형우, 군무경 이동휘, 강화전권대사 김규식으로 정해졌다는 소식이 실렸다. 4월 15일에는 다시 현순이 전보를 보내 대한민국임시정부 '임시국회'에서 '국무총리' 이승만을 비롯한 새로운 각료 명단을 알려왔다. 재미한인들은 주로 『신한민보』를 통해 임정 관련 소식을 접했기 때문에 일단 이승만은 대한공화국 임시정부 '국무경'으로 처신해야 했다.

한편 3·1운동이 일어나자 일본은 미국 언론에 대한 공작을 통해 '한국의 자치는 아직 멀었다'는 논지의 기사들이 잇따라 나오게끔 했고, 미국인들의 일반적 여론도 대체로 이에 동정적이었다. 이에 맞서기 위해 이승만은 서재필과 상의해 4월 14일부터 16일까지 3일간 필라델피아에서 제1차 한인회의를 열기로 했다.

대회는 예정대로 필라델피아의 한 소극장에서 당시 유학생이던 임병직(전 외무장관)·조병옥(전 민주당 대통령 후보)·유일한(유한양행 창설자)·장기영(전 체신부장관) 등 한인대표 120명과 토마스 스미스 시장, 네브라스카주의 노리스 상원의원, 미주리주의 스펜서 상원의원 등 미국 내 유력 인사들이 참석한 가운데 진행됐다.

대회는 이승만의 지론이기도 했던 미국과 같은 자유민주 국가를 건설하자는 강령을 발표하고 끝났다. 또 대한공화국 임시정부 대통령 손병희에게 보내는 메시지를 채택하기로 결의했다. 대회를 마친 참석자들은 소극장에서 2km 떨어진 인디펜던스 홀까지 비를 맞으며 행진을 벌였다. 인디펜던스 홀은 그때로부터 140여 년 전 미국이 독립을 선포했던 유서 깊은 곳이었다.

필라델피아대회를 마친 이승만은 임병직과 함께 워싱턴으로 돌아왔다. 여기서 이승만은 당시 오하이오대 2학년에 재학중이던 임병직에게 자신의 비서로 일해 줄 것을 부탁했고 임병직은 그것을 수락했다. 이렇게 해서 1919년 5월 초 이승만은 워싱턴의 한 빌딩에 사무실 두 개를 구해 '한국위원회'라는 간판을 달고 하나는 자신의 집무실로, 또 하나는 비서실로 사용했다. 이 사무실 개설을 통해 이승만이 한 일은 한국에 임시정부가 수립됐으니 한국을 공식적으로 인정해 달라는 내용의 서한을 미국의 윌슨 대통령을 비롯해 각국의 지도자들에게 보내는 것이었다.

임시정부의 난립과 통합

3·1독립선언은 곧바로 임시정부 수립운동으로 이어졌다. 특히 천도교

의 경우 3·1운동을 조직할 때부터 가假정부 수립을 추진했다. 그래서 3·1운동이 한창이던 3월 3일 자신들이 발행하던 지하신문 『조선독립신문』을 통해 가정부가 조직되었음을 알렸다. 이들의 정부직제와 각료명단을 보면 4월 5일 『신한민보』에 보도됐던 만주 중심의 '대한공화국 임시정부'와 거의 동일하다.

이어 3월 21일 노령지역의 대한국민의회가 임시정부 수립을 선포한 이래 한 달도 안 돼 국내외 각처에서 조선민국임시정부(4월 9일), 상해임시정부(4월 11일 선포), 신한민국 정부(4월 17일), 한성정부(4월 23일 선포) 등 5개의 임시정부가 차례로 성립됐다. 각 임정별 요인 명단을 보면 이승만은 러시아 지역에서 선포된 대한국민의회 정부에서는 대통령 손병희, 부통령 박영효에 이어 국무총리. 서울에서 유포된 조선민국임시정부에서는 정도령正都領 손병희에 이어 부도령副都領, 상해임시정부에서 수반격인 국무총리, 신한민국정부에서는 집정관 이동휘에 이어 국무총리. 한성정부에서는 집정관 총재에 그 이름이 올라 있다. 그밖에도 두 개의 임시정부가 더 있었는데 간도에서 선포된 임시대한공화국정부(8월)에서는 이승만은 국무급외무로 돼 있다.

국내외 각지의 임시정부 선포로 스포트라이트를 받게 된 인물은 손병희였다. 충청도 청주 출신으로 아전의 서자였던 그는 동학에 입도해 동학농민봉기에도 참여했고 일본에서 오랜 기간 망명생활을 보내기도 했다. 3·1운동 당시에는 어느 종교교단보다 재정과 조직이 탄탄했기 때문에 주요 임시정부에서 최고 지도자로 이름을 올릴 수 있었다.

거기에 비하면 이승만은 한성정부 집정관 총재, 이동휘는 신한민국

정부 집정관에 이름을 올렸을 뿐이다. 흥미롭게도 '대통령'이란 칭호를 쓴 임시정부에서는 모두 손병희가 대통령에 올라 있었다.

한편 실체가 있는 임시정부는 상하이가 유일했다고 할 수 있다. 3월 4일 상하이 프랑스조계 내에 '임시사무소'가 설치된 것이 발단이었다. 이승만과 연락을 맡았던 현순이 총무, 이광수와 여운홍이 통신과 서기, 신규식과 신헌민이 서무, 김철과 선우혁이 재무를 맡았다. 말 그대로 임시사무소였다. 이후 국내외 독립운동가들이 하나둘 상하이로 모여들면서 점점 상하이는 임시정부 통합지역으로 주목을 받기 시작했다. 3월 하순이 되면서 임시정부 구성이 구체화되기 시작했다. 현순이 이승만에게 전보를 보내 임시정부가 '건설 중'이라고 통보한 것도 3월 31일이다. 기독교 계통의 현순은 천도교측과 지속적인 협의를 하면서 상하이에 임시정부 건설을 위한 연락책 역할을 했다. 일단 천도교측이 돈을 대기로 했기 때문에 손병희가 대통령, 박영효가 부통령이고 이승만은 국무총리로 '내정'한 안을 바탕으로 활발한 협의가 이뤄졌다. 특별한 사건이 발생하지 않은 한 이승만은 어쩌면 국무총리에 그쳤을 수도 있다.

4월 8일 이동휘 계열의 강대현이 이동휘를 집정관으로 했던 각료명단과 임시정부 헌법을 들고서 상하이에 나타났다. 또 4월 10일에는 국내 주요인사들과 접촉을 마친 이봉수가 상하이로 돌아왔다. 이로써 개략적으로나마 국내·미주·노령의 '임정' 관련 인사들이 상하이에 모이게 됐다. 종이뿐인 임시정부가 점차 실체를 가지려 하고 있었다.

이렇게 해서 4월 10일 프랑스조계의 한 주택에 30명 정도의 독립운동가들이 모여 그간의 상황을 평가하고 제1회 임시의정원 회의를 열었

손병희에게 보낸 이승만 서한

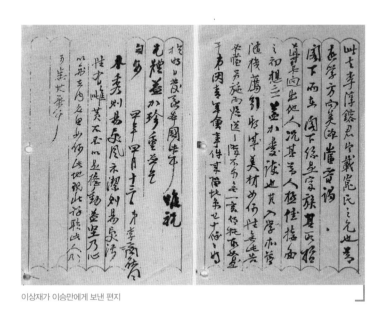

이상재가 이승만에게 보낸 편지

다. 밤새 회의가 계속돼 이튿날 오전 마침내 대한민국임시정부가 모습을 드러내기 시작했다. 그리고 4월 13일 대한민국임시정부 수립이 공식 선포됐다. 그에 앞서 현순은 이미 4월 10일 이승만이 국무총리로 선출될 것임을 알려왔다. 현순의 신속하고 정확한 정보제공이 없었다면 이승만은 임시정부 초대 대통령이 될 수 없었을 것이다. 일단 대통령·부통령·집정관이 없어진 상태에서 이승만은 국무총리로 선임됨으로써 정부 수반이 됐다.

그런데 이승만은 5월 31일까지는 대한민국임시정부 국무총리가 아니라 최초에 알려진 대로 대한공화국 국무경으로 활동한다. 그는 우선 상하이의 현순에게 공채발행권과 신임장을 보내줄 것을 요청했다. 그래야 공식적인 활동자금과 함께 미국이나 파리강화회의 등을 상대로 임정승인과 한국독립 승인을 요청하는 공식적인 선전활동을 전개할 수 있었기 때문이다. 그러나 상해임시정부 내에서 현순의 자격이 모호했기 때문에 이는 쉽게 이뤄질 수 있는 일이 아니었다. 게다가 대한공화국임시정부와 대한민국임시정부가 혼재돼 태평양 건너에 있는 미주에서는 상하이나 서울의 상황을 정확하게 파악하기 어려웠다. 이 문제가 명확하게 정리되는 것은 7월 중순 대한민국임시정부 문건들이 도착한 다음이었다.

한성정부 집정관 총재 이승만

이승만은 필라델피아 한인자유대회(제1차 한인회의)가 열린 4월 중순이 훨씬 지난 뒤인 5월 하순경에야 당시 배재학당 교장이던 옛 친구 신흥우가 미국에 와서 알려줌으로써 자신이 한성정부의 집정관 총재로 추대된 사실을 알았다. 그 전에 그는 다른 곳에서 국무경·국무총리로 추대됐다는 사실을 전해 듣기는 했지만 자신이 집정관 총재로 추대된 한성정부에 가장 큰 관심을 보였다.

이승만이 한성정부 집정관 총재로 추대될 수 있었던 결정적 이유는 옥중동지 이상재의 지원이었다. 한성정부의 조직 주체가 서울을 중심으로 한 기호지역의 기독교 세력이었고 이승만이나 이상재 모두 그것을 기반으로 하는 지도자였다. 이상재가 이승만을 집정관 총재로 추대한 정황은 다음과 같다.

첫째, 이상재는 3·1운동 후 선교사 벡S.A. Beck이라는 인물을 통하여 미국에서 선전자료로 활용될 수 있는 상당량의 문서를 이승만에게 밀송했다. 둘째, 한성정부의 선포문건 일체는 신흥우를 통하여 이승만에게 전달되었는데 신흥우가 한국을 빠져나갈 때 동행한 인물이 벡이었다. 이것은 우연히 아니라 사전에 서로 약속된 것으로 봐야 한다는 것이다. 셋째, 이승만은 1920년 6월 31일, 즉 상하이로 가기 위해 하와이에 갔을 때 이상재에게 보낸 편지에서 "한성에서 공식으로 선거한 집정관 총재와 대통령이라는 A문빙文憑(문서자료)이 있으면 참으로 긴요하겠습니다"고 쓰고 있다. 이는 이상재가 한성정부의 조직 내막을 잘 알고 있었다는 뜻이다. 물심양면으로 그를 지원한 이상재가 국내에 있었다는 것은 이승만으로서는 천운天運이었다.

5월 초순부터 그가 활동을 시작한 워싱턴 한국위원회는 곧 집정관총재 사무실 기능을 겸하게 됐다. 이 무렵 이승만은 상당히 중요한 대미

한인자유대회 독립선언 기념 (1919.4.14.)

외교활동의 전환을 경험하게 된다. 그 전까지 미국 대통령이나 국무부를 상대로 했던 활동이 별다른 성과를 보이지 않자 여론 조성을 통한 압력, 즉 우회로에 의해 미국의 정책 결정에 영향을 행사하는 방법을 터득하게 되었다. 원래 그는 언론을 활용하는 문제에 관한 한 누구보다 앞서 있었지만, 여론 지도층을 조직화해 외곽에서 압력을 행사하는 새로운 접근법의 중요성을 터득했다. 미국에 대한 이런 접근법은 대통령이 된 후에도 미국과 외교에서 계속 사용됐다.

5월 18일자 『뉴욕타임스』에는 일본의 사주를 받은 래드라는 미국인 교수가 한국에서 일어난 3·1운동은 음모에 의한 것이며 한국은 자치능력이 없다고 주장한 기사에 대한 이승만의 반박논설이 실려 있다. 래드의 글을 조목조목 논리적으로 비판한 이 글은 상당히 장문이며 모든 면에서 한국이 독립 능력이 있음을 설파하였다.

언론을 통한 활동을 계속하는 한편 이승만은 여론 지도층을 조직화하는 작업에 착수했다. 5월 5일 발족한 것이 미국 내의 유력한 인사들로 구성된 필라델피아 '한국우호연맹'이다. 여기에는 회장을 맡은 플로이드 톰킨슨 목사를 비롯해 유력 인사 19명이 참가했으며 한국의 독립사업을 지원하며 한국 안에서 당하는 일본의 압박과 학정을 항의하고 한국 실정을 널리 알릴 것을 연맹의 사명으로 삼았다.

5월 16일에는 필라델피아 근처에 있는 리딩시에서 우호연맹을 발족시켰고, 6월 6일에는 워싱턴에서도 생겨나는 등 1919년 한 해 동안 미국 내 19개 도시에 '한국우호연맹'이 조직됐으며, 1920년에는 영국에도 조직했다.

이승만은 1919년 한 해를 주로 이런 연맹들을 만들고 순회하며 강연을 하고 연맹 활동을 독려하는 데 보냈다. 이렇게 해서 맺게 된 미국내 유력 인사들과 친분은 그 후에도 이승만의 중요한 정치적 자원이 됐다. 그들 중에는 변호사인 존 스태거스와 프레드릭 돌프 그리고 INS통신의 제롬 윌리엄스 기자도 포함돼 있었다. 이들은 모두 이승만의 평생 친구가 됐으며 모든 일에서 이승만을 적극적으로 도왔다. 돌프는 한국위원회의 법률고문이었고, 윌리엄스는 PR고문이었다.

이 시기에 일어난 일 중의 하나가 이른바 '자칭 대통령' 문제이다. 그는 여러 임정에서 추대된 직함 중에서 최고위직인 집정관 총재에 애착을 가졌던 것 같다. 그는 여러 곳에 보내는 문건에서 집정관 총재를

'Chief Executive'라고 할 수 있음에도 불구하고 'President'라고 번역한 것이다. 미국을 정치의 이상으로 삼고 있던 이승만으로서는 일면 당연한 것이기도 하고 미국 내 활동의 편의상 권위가 필요했기 때문이었을 수도 있다. 이 문제는 그 후 정적들에 의해 '대통령병 환자'니 '자칭대통령'이라는 비난을 듣게 되는 발단이 됐다.

그는 어떤 상황이 발생하면 그것을 자신에게 유리하게 해석하면서 끌어가는 데 천재적인 수완을 갖고 있었다. 동시에 자신의 자원을 극대화하는 데도 능했다. 하지만 그것이 때로는 무모할 때도 있었고 비판자들에게는 허풍쟁이로 비치기도 했다. 그러나 대부분 큰 줄기에서 보면 이승만의 그런 행동은 개인의 영달을 목적으로 한 것이 아니라 공적인 활동을 위한 것이었다. 고비고비에 이승만의 승부수는 대성공으로 이어지며 그의 카리스마를 꾸준히 높여주었다.

한편 상하이에서는 여러 국내외에서 생긴 임시정부들을 하나로 통합하는 일이 활발하게 추진됐다. 한성·노령·상해 3개 임시정부을 중심으로 통합이 논의됐고 여기서 '정통성' 논쟁이 발생했는데, 결국은 한성정부의 법통을 잇는 것으로 결론이 났다. 한성정부는 이승만을 최고지도자인 집정관 총재로 추대해 놓은 터였다.

이 논쟁 과정에서 이승만이 미국에서 '대통령'으로 활동하고 있는 것이 문제가 됐다. 반대 진영과 이승만 사이의 중재를 맡았던 안창호는 이승만에게 전보를 보냈다.

어느 정부에도 대통령이라는 직명이 없으므로 각하는 대통령이 아닙니다. 헌법을 개정하지 않고 대통령 행사를 하면 신조를 배반하는 것이니 대통령 행사를 하지 마시오.

여기에는 일면 재미한인 사회의 라이벌인 안창호가 이승만을 견제하려는 의도가 담겨 있었다. 사실 당시 이승만이 'President'라는 호칭을 사용하고 있다는 것을 상하이에서 아는 사람은 미국에서 온 안창호뿐이었기 때문이다. 이에 대해 이승만은 다음과 같이 답했다.

이미 나는 대통령 명의로 각국에 국서를 보냈고, 한국 사정을 발표한 까닭에 지금 대통령 명칭을 변경하지 못하겠소. 만일 우리끼리 떠들어서 행동이 일치하지 못한 소문이 세상에 전파되면 독립운동에 큰 방해가 될 것이며 그 책임이 당신들에게 돌아갈 것이니 떠들지 마시오.

9월 6일 이승만은 우여곡절 끝에 상해임시정부 대통령으로 선출됐다. 그는 곧바로 워싱턴 한국위원회를 '구미위원부'로 개칭하고 파리강화회의에 참석하고 미국으로 온 김규식을 위원장으로 임명했다. 1만여 명의 미주한인들이 한국 독립운동에 경제적으로 기여하는 데 결정적 기구가 된 구미위원부는 이렇게 해서 탄생되었다.

상해 대한민국임시정부 대통령 이승만

임시정부를 하나로 모으는데 결정적 역할을 한 인물은 안창호였다. 미주 국민회의 지도자였던 그는 5월 25일 상하이에 도착했다. 실제 상하이에 도착해 보니 각료급 인사는 혼자뿐이었다. 6월 28일 임정 내무총장에 취임한 그는 노령의 대한국민의회와 미주의 이승만을 끌어들이지 않고서는 통합된 모습을 보이기 어렵다 생각하고 양자의 중재에 나선다. 노령과 만주를 대표하던 대한국민의회는 부정적 태도를 보였다. 반면 외교활동을 위해 임정의 존재를 필요로 했던 이승만은 일단 적극적으로 응했다. 안창호는 일단 국무총리 자격으로 취임해줄 것을 이승만에게 요청했다.

안창호는 7월 20일 이승만에게 보낸 전보에서 한국인들이 지지하고 있으며 위임통치청원문제도 해결되었으니 상하이로 와 줄 것을 요청했다. 위임통치청원문제란 이승만이 3·1운동 직전에 미국에 냈던 위임통치청원안을 둘러싸고 한동안 임정 내 이승만 반대세력들이 이승만을 강도 높게 성토했던 일을 말한다.

이승만은 이미 자신이 더 이상 국무경이 아니라 대통령 명의로 한성정부의 선포소식을 열국에 통보했기 때문에 안창호가 말하는 '국무총리' 자격으로는 곤란하다는 입장을 밝혔다. 실제로 그는 신흥우로부터 한성정부 문건을 건네받은 직후인 6월 15일부터 '대통령'이란 직함을 사용하기 시작했고 한성정부Republic of Korea의 탄생을 알리는 공식서한을 열강들에게 보냈다. 대한민국의 영문표기 'Republic of Korea'도 이때 처음 탄생했다. 8월 7일에는 이승만이 상해임시정부와 한성정부를 합치게 되면 문제가 해결될 것이라는 방안까지 제시했다. 외형상으로는 자신이 이미 한성정부 대통령 이름으로 외국들에게 임시정부의 존재를 선포해

버렸기 때문에 외교상의 혼란이 생길 것을 우려해 그런 주장을 한다고 밝혔다. 그러나 이미 이승만은 '대통령'을 원하고 있었다.

이승만이 대통령이 될 수 있었던 데는 안창호의 '결단'이 컸다. 안창호로서는 이승만을 끌어들이지 못할 경우 상해임시정부 자체가 붕괴될 것으로 보았기 때문이다. 그 점에서 안창호는 '통 큰 결단'을 내렸다. 또 그렇게 하지 않고서는 이승만이 상하이로 오지 않을 것이라는 사실도 분명하게 알고 있었다.

일단 대한국민회의는 참여시키지 못했어도 개인적으로 이동휘를 끌어들이는 데 성공한 안창호는 물밑 작업을 거쳐 8월 28일 임시의정원에 정부개조안을 제출했다. 첫째는 국무총리제를 대통령제로 바꿔 이승만의 대통령 명의 사용을 합법화하는 것이었고, 둘째는 행정조직을 6부에서 7부 1국으로 확대하는 것이었다. 이에 대해 약간의 논란이 있긴 했지만 원안대로 통과되어 9월 6일 마침내 이승만이 임시대통령으로 선출됐다. 마침내 이승만은 공식적으로 '날개'를 단 것이었다. 그러나 상해임시정부 사람들은 이승만을 통해 통합을 기대하고 있었지만 이승만은 그것을 열강과 외교를 위한 도구 정도로밖에 인식하지 않았다는데서 문제는 이미 시작되고 있었다.

대통령 이승만, 상하이로 가다

이승만은 상해임시정부에 대해 어떻게 생각하고 있었을까? 또 임정 대통령으로서 자신의 역할에 대해서는 어떻게 생각하고 있었을까?

상해임시정부에 대한 이승만의 생각은 그다지 좋은 편이 아니었다. 임정이 일에 충실하기보다는 정부의 위엄만 내세우며 '어린 아이들의 장난처럼' 정부수반의 호칭이라든가 이미 지나간 일인 위임통치청원문제를 꺼내어 내부분란을 일으킴으로써 각국인의 비웃음을 사고 있다고 보았다. 이승만이 볼 때 임정은 동서와 내외의 연결을 맡는 중앙점의 구실에 충실해야 한다고 보았다.

자신의 역할과 관련해서는 1919년 11월 통합임정 신내각 출범으로 국무총리에 취임한 이동휘가 편지를 보내 독립운동의 대방침에 관해 묻자 "원동에서는 최후운동인 무력투쟁을 위한 준비를 착실히 하고 자신은 미국에서 선전활동에 충실하겠다"고 밝혔다. 때가 오면 무력투쟁을 해야겠지만 지금은 선전활동이 곧 최고의 독립운동이라고 답한 것이다. 그것은 당장 자신이 상하이로 간다고 해서 변화가 있을게 없으리라는 암시이기도 했다.

이런 가운데 이승만의 구미위원부는 한국 독립문제를 미의회에 상정하려는 시도에 온 힘을 쏟고 있었다. 1920년 3월 베르사이유조약의 비준문제와 결부시켜 마침내 3월 17일 아일랜드 독립안과 함께 한국 독립 안이 상정됐다. 3월 20일 아일랜드 독립안은 38대 36으로 가결됐으나 한국독립안은 34대 46으로 부결되고 말았다. 이는 의미있는 성과였다. 미의회에서 한국 독립문제를 거론할 수 있는 기반은 확보한 셈이었기 때문이다.

한편 상하이에서는 1920년 2월 초부터 임정의 각 부 차장들이 이승만을 퇴진시키고 이동휘를 대통령, 안창호를 국무총리로 하는 일종의 쿠데타를 주장하고 나섰다. 그렇게 될 경우 미국에서 영향력을 완전히 상실하게 될 것을 우려한 안창호의 강력한 반대로 무산됐다. 대신 3월 22일 의정원은 '대통령 내도來到 촉구안'을 만장일치로 채택했다. 일종의 최후통첩이라고 할 수 있었다. 4월 21일 상하이에서 미국으로 온 자신의 측근 현순으로부터 상하이 사정을 전해들은 이승만은 사태의 심각성을 인식하고 상하이행을 결심한다. 그밖에도 자신이 직접 상하이에 파견한 안현경·조소앙 등으로부터 소식을 접하고 있었다.

이승만은 두 달 후인 6월 22일 임병직을 대동하고 하와이행 모노아 Monoa호에 올랐다. 그가 샌프란시스코에 도착해 모노아호에 오를 때까지 미국경찰이 그를 경호했다고 한다. 망명정부 임시대통령에 대한 미국의 배려였다고 할 수 있다. 또 3·1운동 이후 일본은 그의 목에 현상금 30만 달러를 걸었기 때문에 매사에 조심하지 않을 수 없었다.

일단 하와이에 도착했지만 곧바로 상하이로 갈 수 있는 처지가 아니었다. 구미위원부를 맡고 있던 김규식의 독자적 행동을 둘러싸고 이승만과 김규식의 갈등이 격화되는 가운데 급기야 김규식은 사임하기에 이른다. 게다가 하와이에서 극동으로 가는 배는 모두 일본을 거치도록 돼있었기 때문에 자칫 항해도중 발각될 우려가 컸다. 일단 이승만은 백인으로 장의사를 운영하고 있던 윌리엄 보스윅William Borthwick에게 도움을 청했다. 일본을 거치지 않고 바로 중국으로 가는 배편을 알아봐달라고 한 것이다. 더불어 보스윅의 별장에서 한동안 머물렀다.

11월 16일 보스윅이 캘리포니아에서 목재를 싣고 상하이로 직행하는 네덜란드 선적 '웨스트 하이카'호를 주선해 일단 이승만은 임병직만을 데리고 그 배에 숨어들었다. 두 사람은 중국인 부자父子로 위장했다. 출항 후에 두 사람의 존재를 알게 된 선장은 각각 일을 맡겼다. 이승만은 망망대해의 망을 보았고 임병직은 갑판 청소를 해야 했다. 선상에서 이승만은 여러 편의 한시漢詩를 지었다. 선원들에게 '아버지'는 영어를 할 줄 모른다고 임병직이 말했기 때문에 이승만으로서는 시간을 달랠 길이 그것밖에 없었는지 모른다.

시련뿐이었던 상하이 체류 6개월

12월 8일 이승만과 임병직이 탄 배는 상하이 항구에 들어섰다. 밀입국자인 이들의 상륙이 문제였다. 특히 당시 상하이의 행정권과 사법권은 영국이 장악하고 있었는데 영국은 일본과 동맹을 맺은 후 한국인에 대해 차별대우를 하고 있었다.

영국 관헌에 의해 상륙 허가 수속이 진행되는 동안 두 사람은 선실에 숨어있어야 했다. 수속이 끝난 후 갑판에 올라간 두 사람은 배에 실은 재목을 하역하는 중국인 노동자들의 틈에 끼어 어깨에 재목을 하나씩 메고 노동자 흉내를 내며 겨우 상륙할 수 있었다. 항구에는 임시정부에서 사람들이 마중 나와 있었다.

두 사람은 영국조계 안에 있던 맹연관孟淵館이라는 중급 여관에 들었다. 여기서 그들은 이틀을 묵은 다음 안내원을 따라 프랑스조계에 있던 임시정부 청사로 갔다. 프랑스는 일본과 정치·군사적 관계가 없었기 때문에 한국인에 대해 비교적 호의적이었다. 당시 상황을 임병직은 이렇게 회고했다.

임시정부 청사는 상상보다 제법 호화로웠으며 3층 건물의 옥상에는 태극기가 휘날리고 있었다. 대통령 이승만 씨를 맞이한 임시정부는 활기를 띠었다.

그러나 즉각 공식 행사가 있은 것은 아니다. 이승만은 저간의 사정을 파악하기 위해 임정 요인들과 개별 접촉을 하며 상황 파악을 하는 데 2~3주일을 보낸다. 이승만이 상하이에 도착해 처음 가진 공식 모임은 12월 28일 상해교민단이 베푼 환영회였다. 여기에는 많은 임정 관계자들이 참석해 '대통령으로서' 자신들의 어려움을 해결해 줄 수 있는 방책을 내놓기를 기대했다. 그의 입장에서 딱히 내놓을 만한 것이 없었다.

내가 이곳에 온 것은 금전이나 대정략大政略을 갖고 온 것이 아니라 재미 동포가 이곳에서 일하시는 분들께 전하는 감사의 소식을 전하기 위함입니다. 그러나 와서 본즉 내외 각처 동포들의 학살당함과 사는 모양의 비참함이 자못 참담합니다.

어려운 상황에서 독립운동에 종사하고 있던 많은 이들은 이승만의 이 같은 원론적인 얘기에 크게 실망했다. 뭔가를 기대했는데 별로 내놓은 것이 없었기 때문이다.

1921년 1월 1일 임시정부는 신년 축하식을 가졌다. 그리고 5일 이승만이 상하이에 온 후 첫 국무회의가 열렸다. 회의 첫날부터 이동휘는 위임통치청원 문제를 들고 나왔다. 이미 마무리된 이 문제를 이동휘가 새삼 제기한 것은 사회주의 계열을 대표한 그가 임정의 이니셔티브를 쥐기 위한 계산된 행동이었다. 이승만은 위임통치는 3·1운동 이전의 일이고 독립을 전제한 것이기 때문에 문제가 될 것이 없으며 이미 지나간 일이라고 맞섰다.

이동휘의 행동은 제2차 국무회의에서 더욱 분명히 나타난다. 그는 이승만에게 대통령이 상하이에 없을 때 행정의 결재권을 국무총리에게 위임하라고 요구했다. 이승만은 대미 외교의 중요성을 강조하며 이동휘의 요구에 응하지 않았다. 일이 자기 뜻대로 되지 않자 이동휘는 1월 26일 국무총리를 사직한다고 선언했다. 그리고 1월 26일에는 김규식 학무총장, 노백린盧伯麟 군무총장, 안창호 노동국 총판 등이 잇따라 사표를 던졌다. 이승만은 이동녕 내무총장을 총리 대리로 임명하고 2월 4일 이동휘를 면직 처리했다. 이에 여론은 악화되었다. 물론 문제를 일으킨 이동휘에 대해 더 비판적이었지만 원만하게 처리하지 못한 이승만에 대해서도 비판적 의견이 늘어간 것이다.

임시정부는 파탄을 향해 달려갔다. 애당초 워낙 배경이 다른 단체나 집단들이 모인 것이었기 때문에 특별한 지지 세력도 없이 미국에서 건너온 이승만이 사태를 평정한다는 것은 불가능한 것이었는지 모른다.

2월 28일 이승만의 요구로 의정원 제8회 본회의가 열렸다. 여기서 이승만은 교서敎書를 발표하고 정부의 행정 쇄신과 경비 절약, 예산 제도의 확립, 외교강화 등 당면 과제에 관해 언급하고 민의民意란 일정한 절차

이승만 상하이 도착 환영식장 (하비로 1921)

임시정부 임시의정원 신년 축하회(1921. 1. 1)

를 밟아 이루어지는 것이기 때문에 정파나 개인에 따라 좌우될 수 없는 것이라고 강조했다. 다양한 파벌들이 수시로 각자의 이해관계를 앞세워 공적 의견이 형성되지 못하고 있음을 비판한 것이다.

의정원 개원은 외교 노선과 무장 노선의 대립을 한층 격화시켰다. 여기에는 러시아와 관계도 포함돼 있었다. 주로 러시아 일대에 근거지를 둔 이승만 반대파는 한·중·러 3국과 협력해 독립전쟁을 치를 것을 주장하고 상하이에는 외교기관만 두고 군사 관계기관은 노령이나 만주로 옮길 것을 내세웠다.

그 동안 외교 노선도 성과 면에서는 보잘 것 없었기 때문에 이승만으로서는 이들을 제압하거나 설득할 만한 특별한 명분이 없었다. 상해임시정부는 계속 중심을 잡지 못하고 사분오열돼 갔다.

4월 20일 박용만·신채호 등 무장투쟁파는 베이징에서 군사통일회를 소집하고 위임통치청원문제로 이승만을 규탄한 끝에 상해임시정부도 부인키로 했다. 그리고 27일 임시의정원을 해산하라는 최후통첩을 보내고 새 정부 수립을 위한 국민대표회 소집을 제안했다. 상하이에서는 국민대표회 소집에 찬동해 김규식이 구미위원부 위원장직과 학무총장 직을 사퇴했고, 교통총장 남형우도 사퇴했다.

이는 급기야 상해임시정부를 지킬 것인가 해체할 것인가 하는 정쟁으로 치달았다. 이른바 임시정부 옹호파와 개조파의 대립이다. 이승만을 지지하는 임정 옹호파에는 신규식·이동녕·이시영·노백린 등이 남았다. 안창호는 5월 11일 노동국총판직을 사퇴하고 임정에서 손을 뗐다. 임시정부 개조를 주장한 세력은 1923년 1월 3일 상하이에서 국 내외 61개

단체가 참석해 국민대표회를 열지만 좌익과 우익, 좌익내 고려공산당과 전러공산당 등이 갈등을 빚다가 안창호계는 탈퇴하고 급진파만으로 '조선공화국'을 선포했다.

이승만은 더 이상 상하이에 있을 필요를 못 느꼈다. 아무런 일도 하지 않고 내분만 일삼는 그곳에 '대통령'이라는 직함을 달고 있어봤자 독립운동에 무슨 도움이 되겠는가라고 생각한 것이다.

때마침 미국 국무장관 찰스 에반스 휴즈가 태평양 지역에 이해관계를 가진 열강들을 워싱턴에 모아 군축회의를 연다는 소식이 전해졌다. 이승만은 이 회의를 한국의 입장을 밝힐 수 있는 기회로 삼기 위해 미국으로 건너가기로 결심한다. 이 회의는 1921년 11월 12일 미국·영국·프랑스·이탈리아·벨기에·네덜란드·중국·포르투갈·일본 등이 참석한 가운데 열릴 예정이었다.

상해임시정부 관계자들의 행태에 실망한 이승만은 5월 20일 컬럼비아호에 올라 상하이를 출발했다. 일본의 감시를 피하기 위해 우선 마닐라로 향했다. 6개월간의 상하이 체험은 그에게 커다란 상실감을 안겨주었지만 동시에 많은 교훈도 얻을 수 있었다. 독립운동에도 현실적인 세력이 뒷받침되지 않으면 아무 것도 이룰 수 없다는 것이 그가 얻은 가장 큰 교훈이었다. 마닐라에 도착한 이승만은 10일 동안 체류하며 필리핀의 정치·사회 상태를 살펴보면서 독립은 될수록 빨리 쟁취하는 것이 좋다는 생각을 했다. 여기서 다시 그는 미국 기선 그래니트 스데이트호를 타고 미국으로 향하였다. 그가 하와이에 도착한 것은 6월 29일이었다.

독자적인 조직 '대한인 동지회' 만들다

하와이 호놀룰루에 도착한 이승만은 며칠 휴식을 취한 후 7월 1일 교민단이 베푼 대통령 환영식에 참석해 상해임시정부에 관한 보고를 했다. 이승만은 이날 연설에서 상하이의 재정이 곤란하니 미주나 하와이 교민들이 더욱 분발해야 한다고 말했다. 또 상하이에서 있었던 분쟁을 간략히 소개하고 자신이 대통령을 사직하지 않은 까닭은 한성정부의 실체를 유지해야 하기 때문이라고 밝혔다. 이어 상하이에 오랫동안 머문 이유는 이동휘가 국무총리를 사직한 뒤 마땅한 후임자를 고르지 못해 그랬다고 설명했다.

이승만은 곧바로 교민단 내의 자기 사람들인 민찬호·안현경·이종관 등과 협의해 사조직인 '대한인 동지회' 조직에 착수한다. 상해임시정부의 정쟁을 겪으면서 사조직의 필요성을 절감한 때문이다. 그리고 창호의 흥사단이나 박용만의 독립단 등이 이미 미주 한인사회 내에 사조직으로 활동하고 있었으므로 이들을 견제하려는 동기도 있었다. 이는 이승만이 광복 후 대한민국 대통령이 된 뒤 '무당주의'를 고수하다가 '자유당'을 창당하게 되는 대목을 연상시킨다.

7월 21일 동지회 발족을 공식 선포하고 강령을 발표했다.

본회의 목적은 상해임시정부를 옹호하며 대동단결을 도모하되 임시정부의 위신을 타락하거나 방해하려는 불충불의不忠不義한 국민이 있으면 본회가 일심하여 방어하며 상당한 방법으로 조처한다.

7월 27일 창립 대회를 겸한 제1회 동지대회에서 이승만은 상하이 상황에 대한 보고를 다시 하였다. 여기서 이승만은 첫째, 이동휘가 제의한 국무위원제는 공산당 제도이므로 반대했더니 사직 사태가 발생했다. 둘째, 박용만은 베이징에서 무정부주의로 정부 전복을 꾀하고, 안창호는 국민대표회를 통해 독립운동을 방해했다. 셋째, 앞으로 여러분은 경찰도 되고 군병도 되고 몽둥이도 되어서 악한 분자를 처치해야 한다고 강조했다. 이는 반反이승만 입장을 취했던 김원용의『재미한인 50년사』에 나오는 말로 다소 과장된 면이 있겠지만 전반적으로는 이승만의 본심과 관련해 신뢰할 만한 내용이라고 볼 수 있다. 이 무렵 동지회는 박용만의 독립단과 무력 충돌을 빚는다.

독립단 기관지인『태평양시사』에 "이승만이 상하이에서 내부 분열만 일으키고 사태를 감당하지 못한 채 슬며시 사라졌다"는 기사를 게재한 것이 발단이었다. 8월 2일 동지회 부녀회원들이 독립단 하와이 지부장 겸『태평양시사』편집인 함삼여咸三如를 찾아가 기사 정정을 요구했고 이에 함삼여가 정정을 거부하자 이승만을 지지하는 청년 수십 명이 신문사를 습격했다. 이로 인해 하와이 주민들의 한국 독립운동에 대한 여론은 악화됐고 한동안 가라앉았던 하와이 교민의 내분은 다시 격화될 조짐을 보였다. 이로 인해 이승만은 목적 달성을 위해서는 수단과 방법을 가리지 않는다는 불명예를 안게 된다. 이런 와중에 이승만은 8월 18일 워싱턴에서 열리는 태평양회의를 준비하기 위해 호놀룰루를 떠났다. 태평양회의 주요 의제는 태평양지역의 평화 구축이라는 차원에서 미국이 일본의 해군력 증강을 억제시키자는 것이었다.

워싱턴에 도착한 그는 태평양회의에 대비한 치밀한 준비 작업을 개시하였다. 가장 중요한 일은 자신의 일이 '공식적인 것'임을 부각시키는 것이었다. 한국정부가 승인된 상태도 아니었고 이번 회의에 공식 초청된 것도 아니었기 때문이다. 그래서 자신을 돕던 INS통신의 윌리엄스를 통해 주요 신문기자들을 초청해 연회를 베풀고 한국이 일본의 억압에 맞서 펼치고 있는 다양한 활동을 소개했다.

'공식성' 확보를 위해 그가 두 번째로 펼친 준비 작업은 상해임시정부로부터 신임장을 받는 것이었다. 9월 21일 그에게는 다음과 같은 답신이 임정으로부터 왔다.

대한민국임시정부는 1921년 9월 29일 정식으로 전 각료의 특별회의를 소집하고 토의한 결과 다음과 같은 결의안이 채택되었음을 이에 밝히는 바이다. 즉 대한민국 대통령 이승만은 1921년 미국 워싱턴에서 개최되는 군비축소회의에서 전권을 가질 한국대표단을 다음과 같이 선정·임명한다. 전권대사 이승만, 전권부사 서재필, 비서관 헨리 정(정한경), 고문관 프레드릭 돌프.

이승만은 신임장을 받은 즉시 미 국무부와 회의 사무국에 제출했지만 이렇다 할 답신은 없었다. 드디어 11월 11일 회의가 열렸다. 애당초 일본의 양보를 받아내기 위해 미국은 일본에 대해 유화적이었다. 그러나 회의가 난항을 거듭하자 미일美日 간에 감정이 악화돼 갔다. 이런 차에 한국내 저명인사들이 서명을 한 '한국인민치태평양회의서韓國人民致太平

洋會議書'라는 문서가 미일 간에 문제가 됐다. 이상재·윤치호·박영효 등 사회지도층 인사와 13도道 260군郡대표, 귀족대표 김윤식金允植, 황족 대표 이강李岡 등 372명이 서명 날인한 이 문서는 한국의 독립을 호소한 것이다. 이 문서를 고문관 돌프가 휴스 국무장관에게 전달했다. 일본은 이 문서가 날조된 것이라고 맞서 결국 회의에는 제출되지 못했다.

이승만과 많은 인사들의 노력에도 그 회의에서 한국문제는 공식 상정되지 못했다. 오히려 미·영·불·일 4국은 태평양의 현 영토를 존중키로 한다는 협약을 맺고 1922년 2월 6일 회의를 끝냈다. 일본은 해군력 제한이라는 손해를 보기는 했지만 한국 지배를 다시금 국제적으로 인정받았다는 점에서 실익을 챙긴 셈이었다.

이 회의의 실패가 대표단을 비롯해 이승만에게 준 좌절은 컸다. 국민 전체로 보자면 독립의 희망이 멀어진 것이고 이승만 개인으로서는 자신이 견지한 외교 노선이 정당성을 상실하는 순간이기도 했다. 이는 곧 임정 대통령 이승만의 권위 상실로 이어졌다.

상해임시정부의 이승만에 대한 인식은 급속도로 나빠졌다. 재정적으로 어려울 때 상하이에 와서 아무런 도움도 주지 못한데다가 1921년 초 극에 달했던 내분을 제대로 수습하지도 않은 채 미국으로 돌아가버린 것에 대한 섭섭함, 이때 외교적인 실패 등이 주요 원인이었다. 급기야 6월 10일 의정원은 이승만에 대한 불신임 토의에 들어간다. 제안자 오영선吳永善은 불신임 이유로 내정불통일內政不統一, 외교 실패, 조각組閣 불능 등을 꼽았다. 불신임안은 6월 17일 17명의 참석의원 중 반대 의원 5명이 퇴장한 가운데 12대 0으로 가결시켰다.

이승만은 9월경 하와이로 갔다. 그리고 3·1운동으로 중단됐던 한인 기독학원과 한인기독교회 사업에 집중적 노력을 기울였다. 9월 18일 기독학원 새 교사 낙성식을 거행했고 11월에는 기독교회 신축 예배당 헌당식을 열었다. 이때부터 1923년 한 해는 이승만으로서는 비교적 조용히 보낸 기간이다. 굳이 주목할 만한 것이 있다면 '학생 고국방문단'의 파송이다.

1924년 1월 이승만은 하와이를 떠나 다시 워싱턴으로 갔다. 당시 미주에서도 독립운동에 대한 열망이 착 가라앉았다. 이런 가운데 상해임시정부에서는 이승만을 내몰기 위한 작업이 진행되었다. 4월에는 노백린 내각이 총사퇴하고 이동녕이 들어섰다. 6월 의정원은 '대통령 사고안事故案'을 통과시켜 이동녕을 대통령 대리로 지명할 것을 미국의 이승만에게 요구했다. 대통령이 오랫동안 임지를 떠나 있었으므로 이를 '사고'로 간주하겠다는 통보였다. 이에 이승만은 7월 1일 국무원 앞으로 다음과 같은 내용의 공한을 보냈다.

다시 헌법 개정이니 대통령 대리니 하는 문제로 서로 시비 충돌하는 모양인데 슬프다. 상해에 있는 우리 인사들은 종시 이렇게 세월만 보내며 좋은 기회를 앉아서 잃어버리려 하는가.

이어 이승만은 상하이로 보내던 하와이 교민단의 인구세를 더 이상 보내지 못하도록 막아버렸다. 이에 임정은 이승만에게 불법적 행위를 중지하라고 경고했고 이에 맞서 이승만은 다시 "극동에 있는 교민들로부터는 한 푼도 걷지 못하면서 미주 교민에 대해서만 돈을 내라고 하는 것은 부당하다"고 맞섰다. '그동안 내가 임정 대통령이니까 미주 동포의 돈이 상하이로 간 것이지 나를 쫓아내면 더 이상 미주 교민의 돈이 상해로 가야 할 이유가 없다'는 논리였다.

결국 1925년 3월 의정원은 대통령 탄핵안을 통과시켰다. 그리고 탄핵심판위원회는 3월 23일 대통령 면직안을 가결하고, 즉석에서 박은식朴殷植을 대통령으로 선출했다. 임정은 1924년 가을 하와이로 가 있던 이승만에게 면직 결정을 통보하고 불복하는 경우에는 2개월 내에 제소하라고 통고했다. 5년 6개월여에 걸친 상해임시정부 대통령 시절은 이렇게 불미스럽게 끝났다.

태평양전쟁의 발발로
암중모색을 끝내다

이승만의 국내조직 : 흥업구락부

1925년 임시정부 대통령에서 면직당한 후 20년대 말까지 약 5년 동안 이승만의 활동은 그의 전생애를 통틀어 가장 조용했던 소강상태에 접어들었다. 그저 한인기독학원을 중심으로 한 교육사업, 한인기독교회를 중심으로 한 선교사업, 대한인동지회를 중심으로한 독립정신 고취사업 등을 하며 무료하게 세월만 보냈다. 간혹 자신이 관여했던 『태평양잡지』에 계몽성 잡글을 기고하는 정도였고 그것들도 젊은시절 글에서 보였던 탁월한 국제관이나 열정은 찾아보기 힘들다. 아마도 활동 자체가 위축된 데 따른 것이 아니었나 보여진다. 1929년 10월 5일부터 1930년 1월 8일까지 3개월 동안 미국 본토 로스앤젤레스·시카고·뉴욕 등지를 여행하고 돌아온 후 다시 무료한 생활이 반복됐다. 어떤 면에서 평화로운 국제정세가 이승만의 필요성을 높이지 않았는지도 모른다. 여기서 우리는 한 가지 재미있는 사실에 주목할 필요가 있다. 이승만의 정치 노선이 어떠했던가를 떠나 우리 근·현대사에서 이승만이 지도력을 발휘한 1920년대 초와 1940~1950년대는 각각 제1차 세계대전과 제2차 세계대전 직후였다는 점이다. 결국 우리 국민의 입장에서 볼 때는 국제정세가 가장 혼미한 시점에는 국제정치 전문가 이승만의 지혜를 빌리고 국제정세가 안정된 이후에는 그를 '폐기'시켰다고 할 수 있을 것이다.

임정 대통령에서 탄핵을 당해 구미위원부까지 폐지된 1925년 바로 이 해에 훗날의 이승만에게 커다란 정치적 후원세력이 되어줄 조직 두 개가 국내에서 탄생했다. 하나는 비밀결사체인 흥업구락부興業俱樂部 였고 또 하나는 태평양문제연구회 조선지회였다. 국내적으로는 그 해에 조선공산당과 고려공산청년회가 만들어졌다. 여기서는 흥업구락부에 대해서만 간략하게 조명해보겠다.

흥업구락부는 이승만이 하와이에서 만든 동지회의 국내지부 성격으로 1925년 3월 23일 신흥우의 집에서 결성됐다. 마침 이날은 면직된 이승만에 이어 박은식이 상해임시정부 대통령으로 선출된 날이기도 했다. 이승만과 국내 지지세력과 연락 연대는 1923년 논란이 많았던 하와이 모국방문단과 1924년 답방단의 교환을 거쳐 이듬해 흥업구락부가 탄생하게 되었다. 중간 다리역은 이번에도 신흥우가 맡았다.

1924년 5월 스위스 제네바에서 조선YMCA를 일본기독교연합회로부터 독립시켜 세계YMCA에 직접 가맹시키는데 성공한 신흥우는 이에 미국으로 건너갔고 10월 25일 하와이 호놀룰루에서 이승만을 만났다.

두 사람은 동지회의 국내지부 형태로 비밀단체를 만들기로 합의했다. 이때 이승만이 신흥우에게 한 말이다.

안창호는 로스앤젤레스를 중심으로 흥사단을 조직, 이미 선내船內(조선)에 서북파 중심의 수양동우회라는 단체를 결성케 하여 각종 문화단체에 그 세력을 부식중이다. 따라서 당신이 선내 동지와 협의하여 동지회와 동일한 주의 목적을 갖는 연장 단체를 비밀리에 조직, 기독교계와 각종 문화단체 내의 흥사단 세력을 제압하여 그 지도권을 획득하는 동시에 시기를 보아 내외 세력이 호응, 조국 광복을 달성하는데 힘써 달라.

11월 5일 귀국한 신흥우는 이상재·구자옥 등과 이러한 사실을 의논하고 11월 20일에는 기호지역 기독교 인사를 중심으로 한 신흥우·유억겸·구자옥·이갑성·박동완·안재홍 등과 단체구성을 추진키로 합의했다. 이어 1925년 1월부터 3월까지 네 차례에 걸친 협의를 거쳐 경제단체로 위장한 비밀독립운동 결사를 만들기로 했다. 이름은 흥업구락부로 정했다. 경제인 친목단체의 느낌을 주지만 실은 조국광복의 대업을 흥하게 한다는 뜻이었다. 3월 23일 신흥우 집에서 열린 창립총회 결과 부장 이상재, 회계 윤치호·장두현, 간사 이갑성·구자옥이 선임됐고 유성준·박동완·유억겸·오화영·홍종숙·안재홍·신흥우는 회원으로 정해졌다. 유성준은 이승만보다 15살 위였지만 감옥동지로 이승만을 존경한 특이한 인물이었다. 흥업구락부는 1938년 일본 경찰에 의해 발각될 때까지 13년 동안 극비리에 운영되었는데 발각 당시 조직원은 총 38명이었다. 실제 관련자는 더 많았을 것으로 추정하며 직간접 관련자를 합칠 경우 흥업구락부의 영향력 범위는 100명을 상회하는 정도였다.

흥업구락부의 결성은 수양동우회를 견제하면서 국내 민족운동의 주도권을 장악하는데 목적이 있었다. 미국과 중국 상하이에서 벌어지고 있던 이승만과 안창호의 세력경쟁이 국내에까지 영향을 미치고 있었던 것이다. 신흥우는 이승만을, 이광수는 안창호의 대리인 역할을 했다.

3·1운동 후 상해임시정부의 수립에 참여하고 『독립신문』 주필을 맡기도 했던 이광수는 총독부의 회유공작에 포섭되어 귀국한 뒤 1922년 2월 흥사단의 국내지부라 할 수 있는 수양동맹회를 결성했다. 그리고는 동아일보 및 천도교 신파와 더불어 자치운동을 추진했다. 흥업구락부는 이러한 상황에서 자치운동보다는 신간회로 합류하는 쪽을 선택했던 것으로 보인다.

이들의 성격을 총체적으로 다음과 같이 규정할 수 있다. 부원 52명의 학력을 보면 미국유학 12명, 일본유학 11명, 독일유학 2명 등 외국 유학 출신자가 전체부원의 절반 가량을 차지한다. 이러한 학력분포는 흥업구락부가 당대 한국 사회 지식인들의 집합체였음을 나타내며 유학과 해외여행 등을 통해 세계 정세와 질서에 대해 비교적 정확한 정보를 가진 집단이었음을 의미한다. 흥사단·수양동우회 관련자들은 상당수가 기독교 북장로회 신자였던데 반해 흥업구락부의 대부분은 감리교 신자였다. 실제로 흥업구락부에는 서북지방 출신은 단 한 명도 없었다.

그러나 아쉽게도 이승만의 든든한 후원자였던 월남 이상재가 1927년 3월 29일 서거했다. 이승만으로서는 너무나 큰 손실이었다. 결국 1931년에 태평양문제연구회 조선지회가 해체되고 이듬해에는 신용우가 탈퇴를 하면서 말 그대로 흥업구락부는 단순 친목단체로 전락하게 되었다. 하지만 해방이 되자 이때 형성됐던 인맥은 오랜 망명생활 끝에 귀국한 이승만에게 말할 수 없는 큰 힘이 되었다.

평생의 반려 프란체스카를 만나다

1931년 9월 만주사변, 1932년 1월 상해사변 등 중국과 일본의 충돌이 격화되면서 다시 한반도를 둘러만 국제정세는 급변하기 시작했다. 하와이 동지회에서는 다시 이승만이 활동할 수 있는 호기好機가 왔다고 판단하고 그를 지원하기 위해 모금을 했다. 이 무렵 이승만은 1931년 11월 로스앤젤레스로 갔다가 1932년 봄부터는 워싱턴에 머물고 있었다.

1932년 11월 10일 김구가 주석을 맡고 있던 상해임시정부는 국무회의 결의를 통해 이승만을 국제연맹에 한국 독립을 탄원할 전권대사로 임명했다. 대통령직에서 쫓겨난 이후에도 이승만은 상해임시정부의 정통성을 인정했고, 특히 김구와는 특별한 친분이 있었기에 가능한 일이었다. 사실 이승만은 미국이 참여하지 않는 국제연맹에 대해서는 출범 당시부터 부정적 의견을 갖고 있었다. 그러나 모처럼의 활동기회로 생각한 때문인지 그는 임정의 제안을 일단 수용했다.

이승만은 12월 23일 뉴욕을 출발해 1933년 1월 4일 파리를 거쳐 국제연맹 본부가 있던 제네바에 도착했다. 그는 도착과 함께 6일 중국 대표 W.W 엔, AP통신 특파원 프란츠 립시 등을 만나 한국의 입장을 설명하고 도움을 요청하였다. 당시 주요 의제가 만주국의 지위 문제였으므로 이승만은 이 지역에 있는 한국민들을 '중립 국민'으로 대우해 줄 것을 요구하려 했다. 일본은 만주국이 일본의 괴뢰정권이 아니라 주민들의 자발적 의지에 따라 수립된 것이라는 억지 주장을 펼쳤고, 이승만은 2월 7일 일본의 주장을 논리적으로 반박하는 글을 국제연맹에 제출했다. 그 내용이 워낙 논리적이고 치밀했기 때문에 각국 신문들은 이를 대대적으로 보도하였다. 그러나

프란체스카

정작 이승만이 기대했던 한국 문제의 정식의제 상정은 실패로 끝났다.

그의 제네바 행은 외교 임무에서는 실패했지만, 평생의 반려 프란체스카 여사를 만났다는 점에서 개인적으로는 여러 가지 의미를 가진다. 두 사람이 처음 만난 것은 이승만이 국제연맹과 다양한 접촉시도로 한창 바쁘던 1933년 2월 21일이었다. 오스트리아 처녀 프란체스카(당시 33세)는 어머니와 함께 프랑스를 여행하고 귀국하던 길에 제네바를 방문, 2월 20일 레만 호반에 있는 호텔 드 뤼씨Hotel de Russie에 묵었다(과거에 프란체스카를 '호주댁'이라고 부르기도 했는데 그것은 오스트리아를 오스트레일리아와 혼동한 데서 비롯된 것이다). 프란체스카는 1900년 6월 15일생으로 오스트리아 수도 빈 근교의 인처스도르프에서 철물무역과 소다수 공장을 하던 유복한 사업가 집안의 세 딸 중 막내로 태어났다. 딸밖에 없었기 때문에 아버지는 일찍부터 프란체스카(집에서는 화니로 불렸다)에게 사업을 물려주기 위해 화니를 상업전문학교에 보낸 다음 스코틀랜드에도

유학시켰다. 화니는 헬무트 뵈링거라는 당시 인기있던 경주용 자동차선수와 결혼을 하게 되었다. 그런데 결혼식이 끝나자마자 뵈링거는 어디론가 사라졌고 신혼 첫날밤을 화니는 혼자서 보내야 했다. 수소문 끝에 뵈링거에게 이미 열렬히 사랑하던 동거녀가 있다는 사실을 알게 됐다. 뵈링거 집안의 반대로 연상의 동거녀와 결혼을 할 수 없었던 것이다. 이에 화니 집안에서는 즉각 혼인을 취소했다. 아버지는 그때의 충격으로 곧 돌아가셨고 화니는 사업에 전념했다.

호텔에 투숙한 다음날 프란체스카는 어머니와 함께 식당을 찾았다. 두 사람은 4인용 식탁에 자리를 잡았는데 마침 식당이 만원이었다. 이때 지배인이 한쪽을 가리키며 "동양에서 오신 귀빈이 자리가 없으신데 함께 합석하셔도 되겠습니까"라고 물었다. 두 사람은 승낙했다.

곧 환갑을 바라보는 동양의 노신사가 합석했다. 어머니는 큰딸이 낯선 남자와 자리를 함께 하는 것이 탐탁치 않았지만 "노신사인데 설마 무슨 일이 있을까" 생각하며 안심했다고 한다. 물론 그 노신사는 이승만이다.

프란체스카의 회고록 '대통령의 건강'을 보면 첫 만남부터 그는 이승만이라는 이 동양의 노신사에게 매혹된 듯하다. 서툰 프랑스어로 "본아 뻬띠 (맛있게 드세요)!"라고 예의를 갖춘 후 조용히 식사만 하고 있는 이 동양 신사에게 사람을 끄는 신비한 힘을 느껴졌다고 프란체스카는 회고하고 있다.

바로 다음날 제네바의 『라 트리뷴 도리앙』지에 이승만의 사진과 함께 인터뷰 기사가 대서 특필됐다. 시골처녀에게는 어저께 우연히 합석한 바로 그 사람이 신문에 크게 날 만큼 유명인사라는 것 자체가 관심을 끌기에 충분했을 것이다.

 프란체스카는 그 기사를 오려 스크랩을 한 다음 이승만에게 전달했다. 그 보답으로 이승만은 차를 대접했다. 그후 어머니 몰래 두 사람은 잦은 데이트를 했다. 58세 동양의 독립운동가와 33살 오스트리아 처녀의 사랑은 그렇게 시작됐다. 그러나 어머니가 눈치를 챘다. 돈이 없어 식사대용으로 날계란에 식초를 타서 마셔가며, 독립운동을 하고 있는 나이 많고 가난한 동양인에게 딸이 마음을 쏟는 것이 못마땅했다. 그래서 어머니는 서둘러 딸을 데리고 고향으로 돌아갔다. 그러나 두 사람의 사랑은 이미 시작됐고 몰래 서신 왕래를 계속했다. 그리고 7월경 모스크바로 가던 길에 비자를 받으러 빈에 들른 이승만은 프란체스카와 재회의 기쁨을 나누었다.

 그분은 한국의 독립문제로 만날 사람이 많아 늘 바빴고, 나도 어머니의 감시 때문에 우리가 서로 만나기는 쉽지 않았다. 그렇지만 우리는 비엔나의 명소와 아름답고 시적인 숲속을 거닐기도 했다. 소년처럼 순수하고 거짓없는 그분의 성실한 인품은 나에게 힘든 선택을 하도록 용기를 북돋아주었다. 나는 '사랑'이라는 아름답고 로맨틱한 한국말을 알게 되었고 '조용한 아침의 나라'를 동경하게 되었다.

 이들의 사랑은 무르익었고 1934년 10월 8일 마침내 뉴욕의 몽클레어 호텔에서 결혼식을 올렸다. 이 '국제결혼'은 독립운동을 하던 이승만에게 아무래도 부정적 영향을 미칠 수밖에 없었다.

결혼 직후 하와이 동포들은 이승만에게 초청장을 보내며 서양 부인을 데리고 오면 모든 동포들이 돌아설테니 꼭 혼자서만 오라는 전보를 두 차례나 치는 등 두 사람의 결혼에 대한 반감을 노골적으로 표시했다. 하지만 막상 1935년 1월 24일 이승만이 신부 프란체스카를 데리고 히와이에 도착했을 때 이승만 부부를 환영하는 하와이 교포 유지들 1,000여명 이상이 모여 큰 잔치를 열어주었다. 그리고 프란체스카의 열성적인 한국 사랑은 곧 사람들의 거부감을 누그러뜨렸다. 그 비결은 김치와 고추장을 담그고 한복을 입고 한국의 습속을 한국인보다 더 사랑한 것 이외에 딴 것이 없다. 그녀에게 한국 사랑은 곧 이승만에 대한 사랑이기도 했다.

소련에 대한 부정적 체험

1933년 국제연맹에서 한국 독립을 호소하려던 이승만의 계획은 아무런 성과도 얻지 못하고 실패로 끝났다. 그러나 이 한 해 동안 그는 프란체스카를 만나게 된 것 이외에 유럽 각국을 돌며 한국 독립에 대한 지원을 얻으려고 노력했다. 그 중 특히 중요한 것은 아마도 그의 생애 전체를 통틀어 처음이자 마지막인 소련과 연대를 추진했다는 사실일 것이다. 물론 그는 박사학위를 받고 귀국할 때 시베리아 철도를 타고 러시아를 주마간산격으로 여행해 본 적은 있었다.

2월 초 제네바에서 활발하게 활동을 펼치던 이승만은 3월 6일부터 9일까지 일시적으로 프랑스 파리를 방문한다. 방문 목적은 그가 국제연맹에 일본의 만주 점령에 관한 『리튼 보고서』의 사본을 열람케 해달라고 부탁했으나 거절당한 이후 파리에 가면 그 보고서를 볼 수 있을지 모른다고 생각한 것이다. 그러나 이마저 실패하고 말았다. 이때 그는 하와이 대한인동지회 회장으로 있던 임병직으로부터 앞으로 1년간의 활동비를 보장한다는 전보를 받았다.

제네바로 돌아간 이승만은 4월 25일 미국 총영사 프렌티스 길버트와 오찬을 갖는 등 여러 지역 대표들과 접촉을 시도했으나, 대부분 말로는 한국의 입장을 옹호하면서 실질적 조처는 아무 것도 취하려 하지 않았다. 미국은 말할 것도 없고 영국이나 프랑스도 한국 문제에 관한 한 '소극적' 태도로 일관했기 때문에 뭔가 돌파구가 필요했다. 그래서 이승만은 궁여지책으로 소련의 도움을 얻기로 결심한다. 국제 역학 관계를 고려할 때 일본의 만주 침략은 소련에게 직접적인 위험이 되고 있었기 때문이다. 그리고 시베리아와 모스크바 등지에 있던 한국인 독립운동 지도자들과 접촉을 해보고 싶었던 것이다.

빈에서는 옛친구인 빈 주재 중국대사 동¶ 박사가 소련 대사와 그를 제국호텔로 초청해 만찬을 주선했다. 이 자리에서 동 박사는 일본의 점증하는 위협을 막기 위해서는 아시아 대륙의 공동전선이 필요하며 이런 전선을 펴는데 있어 이승만의 역할이 절대적이라고 강조했다. 소련대사 페데르프스키가 모스크바로 타전한 결과 비자가 발급됐다. 도착한 첫날 그는 외무부격인 외무인민위원회에서 나온 한 청년의 방문을 받았다. 그 청년은 다짜고짜 이승만에게 당장 소련을 떠나줄 것을 요구했다. 이승만은 비자를 내보이며 정당한 입국이라고 항변했으나 그 청년은 막무가내였다. 그래서 그는 하룻동안 만이라도 모스크바에 머물게 해줄 것

제네바로 떠나기 전의 이승만

과 자신이 가져온 편지를 외무인민위원회로 전달해 줄 것을 간청했다. 겨우 허락을 얻었다. 그날 밤 중국대사관을 방문했는데 그곳에서 일본과 러시아 간에 철도 협상을 위해 일본 대표가 모스크바에 와 있다는 말을 전해 들었다. 이승만을 서둘러 추방하려 했던 것도 그 때문이었다. 그리고 다음날 밤 그는 3등 열차를 타고 파리로 돌아왔다.

모스크바에서의 냉대는 물론 이승만은 미국으로부터 더한 냉대를 줄곧 받아왔지만 이때 모스크바에서 받은 냉대는 그후 소련에 대한 거부감을 굳히기에 충분한 것이었다. 애당초 이승만은 청년시절부터 '러시아'에 대해 부정적 시각을 가지고 있었다. 이는 독립협회 활동을 하던 19세기 말 조선의 식자층 사이에 널리 읽힌 도쿄 주재 청나라 공사관의 참찬관이었던 황준헌黃遵憲이 쓴 『조선책략』의 국제정세관과 밀접한 연관을 갖고 있다. 당연히 이승만도 이 책에서 깊은 영향을 받았다. 이 점은 그가 옥중에서 쓴 『독립정신』을 보더라도 쉽게 확인된다.

1930년대 당시만 해도 이승만이 공산주의 자체에 강한 거부감을 갖고 있었던 것으로는 보이지 않는다. 물론 좋아하지도 않았다. 그로서는 미국의 체제야말로 한국이 받아들여야 할 모델이라고 굳은 확신을 갖고 있었기 때문이다. 임정에서 사회주의자 이동휘와 극심한 갈등을 겪은 직후인 1924년 4월 23일 『동아일보』에 기고한 그의 글을 보면 이 무렵 이승

제네바에서 이승만

만이 갖고 있었던 공산주의에 대한 생각을 어느 정도 추정해 볼 수 있다.

공산당, 사회당 등 명의로 의견을 나누지 말고, 자유의 목적으로 한족당을 이루라. 오늘날 우리의 제일 급한 것이 자유라. 자유만 있으면 무엇이든지 우리의 원대로 할 수 있으되 자유가 없으면 아무리 좋은 것도 할 수 없으리니 세계적 주의가 비록 크고 좋으나 우리는 민족이 먼저 살고야 볼 일이다.

이처럼 러시아 세력 자체에 대한 견제 심리와 공산주의에 대한 다소 부정적 견해를 갖고 있던 차에 마지못해 러시아에 기대려 했던 이승만이 모스크바 당국으로부터 냉대를 받고 재차 러시아에 대한 자신의 부정적 견해를 다지게 됐음은 어쩌면 그로서는 자연스러운 것이었는지 모른다.

러시아에서 프랑스로 돌아온 이승만은 8월 10일 렉스호를 타고 16일 뉴욕에 도착해 한인사회를 돌며 제네바회의 결과를 설명한 다음, 10월경 호놀룰루로 갔다가 1934년 봄 워싱턴으로 돌아왔다. 그리고 미국각지를 돌며 한국의 독립을 호소하는 강연회를 계속했다. 10월 8일 뉴욕 몬트클레어호텔에서 윤병구 목사와 존 헤인즈 홈스 목사의 합동주례로 프란체스카와 결혼식을 올린 이승만은 1935년 1월 19일 말롤로Malolo호를 타고 로스앤젤레스를 출발해 1월 24일 호놀룰루에 도착했다. 이후 이승만의 활동은 그가 1939년 4월 8일자 『태평양주보』에 쓴 글을 직접 읽어보는 것이 도움이 된다.

나는 1935년에 구미를 들러 호놀룰루로 온 후로 교회나 사회의 내막을 완화주의로 교정하기를 바라고 일년 반을 두고 힘써오다가 필경 또 싸우지 않고는 되지 못할 것을 간파하고, 그 때부터 교회와 도무지 간섭을 끊고 상관 않기로 결심하여 글과 말로 여러 번 선언하였으나, 40여 년 적공積功하여 오던 우리 민족운동을 어찌 졸지에 거절하고 말고자 함이었으리오. 다만 여러 번 풍파를 지낸 결과로 새로이 깨달은 바, 내가 혼자 인도자 책임을 가지고 동포의 재정을 모손耗損(많거나 줄거나 하여 없어짐)하며 독립은 회복하지 못하고 보니 자연 내게 대한 악감이 심해서 내 신분에만 어려울 뿐만 아니라 우리의 하고자 하는 일을 해갈 수 없을 만치 되고 보니 차라리 내가 물러앉으면 다른 사람들이 애쓸 기회도 있고 재정도 거두어 쓸 수 있게 하는 것이 가하다는 생각으로 이렇게 한 것이니 독립을 못할지언정 동족 간에 싸우지는 말아야 하겠다는 각오를 얻게 된 까닭이다.

이 글을 쓴 1939년 4월 무렵은 하와이 국민회가 그를 통렬히 비난하고 있었고, 그의 동지들까지도 긴 세월에 걸친 헛된 투쟁과 희생에 넌덜머리를 내고 있었다. 사실상 하와이를 도피하려고 워싱턴으로 가던 길에 쓴 글이다. 그의 측근이었던 로버트 올리버도 이 무렵을 '이승만에게는 암흑의 시절이었다'고 표현한 바 있다.

이승만은 1939년 하와이를 떠나 워싱턴으로 거처를 옮긴다. 이승만의 집은 호바트가의 국립동물원이 바라다보이는 2층 붉은 벽돌집이었다. 그는 동물원 주변을 산책하는 것으로 상처받은 마음을 다스리려 애썼다. 이런 가운데 그는 청년시절 감옥에서 당한 후유증으로 중단했던 서도書道를 시작했다. 너무나 오랫동안 글을 쓰지 않았기 때문에 옛날의 필치를 되찾는 데 많은 노력이 들어가야 했다. 자신의 시름을 달랠 겸 여가가 생길 때마다 노력을 기울인 끝에 그는 자신의 필치를 상당히 회복하였다.

동포들 사이에서 궁지에 몰린 그가 할 수 있는 일은 이제 혼자서 하는 일, 집필이었다. 미국인들을 대상으로 한국을 둘러싼 국제 관계를 설명함으로써 일본의 제국주의적 야욕을 폭로하고, 그것을 제어하는 차원에서 한국의 독립은 절실하며 그것이 미국의 국익에도 도움을 준다는 자신의 평소 전략 논리를 확산시키기로 결심하였다. 1940년 한 해는 거의 이 책을 완성시키는 데 보냈다. 그것이 다름 아닌 1941년 초 출간된 『일본 내막기Japan Inside Out』이다.

펄 벅 여사는 『아시안 매거진』에 기고한 서평에서 다음과 같이 밝혔다.

> 그는 미국에 대한 일본인의 태도를 이야기할 때 미국인이 진심으로 감사해야 할 경고를 해주고 있다. 거기에는 일본인에 대한 개인적 증오는 조금도 없고 다만 일본인의 심리상태가 전인류에 대해 얼마만큼 위험한가를 정확하게 진단하고 있다.

일본 제국주의 본질을 해부한 역작

『Japan Inside Out』 집필은 이승만이 하와이를 비롯한 독립운동 진영에서 궁지에 몰린 결과 궁여지책으로 시작한 것이다. 그것은 결과적으로 이승만의 학자적 능력이 소멸되지 않고 오히려 더욱 성숙돼 있음을 보여주기에 충분한 것이 되었다. 물론 그것은 책의 내용과 수준을 볼 때 그렇다는 말이다.

1930년대 중반 이후 이승만이 추진해온 대미외교 교섭이 지지부진하고 성과가 별로 없자 비판 세력인 국민회는 이승만을 강하게 몰아세웠고, 그의 지지세력인 동지회의 상당수도 이런 비판에 동감하지 않을 수 없는 상황이 전개됐다. 이에 동지회 멤버 중에서 그를 따르던 일부 인사들이 이승만에게 워싱턴으로 가서 『독립운동사』를 쓰도록 권했다. 1939년 4월 워싱턴에 온 이승만은 곧 집필 계획을 변경한다. 나름대로 주요 인사들을 만나고 정보 수집을 한 결과 한가하게 『독립운동사』를 쓰며 과거를 회고하고 있을 계제가 아니라고 판단한 것이다.

그는 일본의 야망을 미국 시민들에게 알리고 미일전쟁의 불가피성을 설파해 당시 미국 사회에 퍼져 있던 친일적인 분위기를 반전시켜야겠다고 생각했다. 여기서 우리는 당시 65세라는 나이에도 '회고' 보다는 '미래'를 선택한 이승만의 활력 있는 정신세계를 간접적으로 확인하게 되었다.

1940년 한 해 동안 집중적으로 집필에 들어가 1941년 초 『Japan Inside out』은 플레밍 H. 리베 출판사에 의해 세상에 나왔다. 이승만이 필기를 해서 주면 프란체스카가 타자를 친 원고를 출판사에 넘기기까지 전체 원고를 세 차례에 걸쳐 타자를 하느라 프란체스카의 손이 짓무르기까지 했다고 한다.

이 책의 서문은 이렇게 시작한다.

나는 이 책을 세상에 내놓는 동기가 전쟁을 위해서가 아니라 평화를 위한 것임을 먼저 밝힌다.

미국으로 하여금 대일對日전쟁을 하라고 부추기는 것이 아니라 미리 일본의 야욕을 통찰하고 견제함으로써 일본과의 전쟁을 미리 막으라는 것이다. 그리고 독일이 영국을 침공했을 때 미국이 지원을 해서 독일의 영국 침략을 막은 것과 같은 이치로 한국을 지원하게 되면 일본의 제국주의적 야심을 미국의 입장에서는 직접 개입하지 않고서도 막을 수 있다는 논리를 전개하였다.

책의 전체 분위기도 '50년대의 철저한 반일反日주의자 이승만'이라는 관점에서 보면 쉽게 이해가 되지 않을 정도로 감정이 배제된 채 담담하고 논리적인 것이 특징이다. 여기에는 두 가지 이유를 생각할 수 있다. 하나는 이승만의 경우 일본이 한국을 지배한 36년 동안 한국에 있었던 기간이 2년 정도 밖에 되지 않기 때문에 피부로 일본의 강압 통치를 느껴본 적이 없다는 것이다. 40년대까지 그의 반일노선이 언제나 국제정치의 역학 관계를 기초로 한 논리적이고 이론적인 분석에 입각할 수 있었던 것도 그와 무관치 않을 것이다.

또 하나 이유는 그 스스로 1954년 국내 번역본 발간에 즈음해서 쓴 서문에서 밝혔듯이 이 책을 써도 발행할 사람이 없어 문제요, 또 혹 발간을 한다 해도 읽을 사람이 없을 것을 고려하지 않을 수 없어 책 속에 말한 것은 그때의 형편에 따라 언사를 부드럽게 하려고 했던 때문일 것이다.

엄격히 말해 이 책은 학술서는 아니다. 그러나 그 다루는 내용이나 미국인들을 겨냥한 탁월한 설득의 논리는 학술서의 수준을 훨씬 능가하고 있다고 해도 과언이 아니다. 동시에 이승만 개인과 관련해서는 그것이 현실 정치에서 제대로 실현되었건 그렇지 못하건 간에 그의 정치 철학을 확연히 드러내 보인 역작으로 평가해도 지나침이 없는 명저_{名著}임이 분명하다. 특히 지금의 시점에서 보더라도 우리의 국가 이익을 위해 다른 나라 사람들을 상대로 그 나라의 언어를 사용해 이처럼 설득력 있는 논리를 전개할 수 있는 외교관이나 학자가 몇 명이나 될지를 생각할 때 더욱 이 책의 가치는 커진다고 볼 수 있다.

이 책이 1940년 초 미국에서 출판되었을 때 반응은 냉담했다. 펄 벅 여사가 『아시아 매거진』에 "이것은 무서운 책이다. 나로서는 이것이 진실을 이야기하는 것이 아니라고 말하고 싶으나 진실임을 밝히지 않을 수 없는 것이 두렵다"며 찬사의 서평을 실은 것은 미국 사회 내에서 극동의 상황을 이해하는 소수의 의견일 뿐이었다. 오히려 친일적인 미국인 대부분은 전쟁 도발을 부추기는 망발이라고 혹평을 가했다.

이런 상황을 극적으로 반전시킨 것은 얼마 후인 1941년 12월 8일 일본의 진주만 폭격이 감행되고 나서이다. 즉각 이 책은 미국내 모든 서점에서 매진됐으며 영국에서도 발간됐다. 그리고 일본을 경시했던 미국의 정부나 군부에서도 일본 군국주의의 실상을 이해하는 교과서가 돼 버렸다.

물론 이 책을 계기로 그에게 '예언자'라는 호칭도 따라붙었다. 그러나 그것은 다소 지나친 평가이다. 오히려 이승만은 원래부터 자신이 갖고 있던 현실주의적인 국제정세관을 개진한 것이고 결과적으로 진주만 폭격이 발생하면서 책의 내용과 맞아떨어진 것이라고 봐야 할 것이다.

하여튼 이를 계기로 이승만의 성가는 미국인들 사이에서도 크게 높아졌다. 이 점은 이승만이 처음부터 의도했던 바이기도 했다. 그는 책이 나오자마자 프랭클린 루스벨트 대통령과 그의 부인, 헨리 스팀슨 육군장관에게 우편으로 보냈고 극동국의 스탠리 혼벡 박사를 통해 국무장관 코델 헐에게도 증정했다. 그 최초의 성과가 1942년 1월 미국이 미국대통령 직속으로 창설한 통합정보위원회의 첫 사업인 정보부대 COI(정보조정국 ; OSS의 전신)에 한국 청년을 받아들이기로 결정한 것이다. 이로 인해 이승만 스스로 자신의 국제 감각에 관해 더욱 강한 확신을 갖게 됐음은 말할 필요도 없다.

다시 외교전선에 나서는 이승만

이승만이 『일본 내막기』를 출간하고 진주만 폭격으로 그에 관한 관심이 급속도로 높아가던 1941년에서 1942년 사이에 그의 활동은 어떠했던가.

그가 책을 출간하던 무렵인 1941년 4월 20일 하와이 호놀룰루에서는 미주의 국민회·동지회·대조선독립단 등 9개 단체 대표들이 참석한 가운데 재미 한인사회를 대표하는 기관으로 재미한족연합위원회를 발족시켰다. 세계가 점차 대전大戰 국면으로 가던 상황에서 더 이상 한인들이 분열된 상태로 갈등만을 반복해서는 안 된다는 시대적 요구가 이들을 오랜만에 다시 뭉치게 했다. 발족대회에서는 첫째 임시정부 지지, 둘째 워싱턴에 외교위원부 설치, 셋째 독립금을 각출해 3분의 2는 임정에, 나머지는 외교위원부에 승급할 것 등을 결의하였고, 위원장엔 이승만의 측근인 임병직이 선출됐으며, 워싱턴에 있던 이승만은 외교위원장으로 선출됐다.

재미한족연합위원회는 본부를 호놀룰루에, 이사회를 로스앤젤레스에 두고 국문과 영문으로 된 주간신문을 발행하여 한국독립에 대한 한국민의 호소를 미국 내에 알리는 역할을 담당했다. 그리고 진주만 폭격 이후 일본인들이 많이 거주하던 하와이에 급속한 배일감정이 확산됐을 때 한국인에게는 따로 신분증을 발행해 일본인으로 취급당하지 않도록 하는 데 결정적 기여를 했다. 이는 이승만의 대미 외교활동이 거둔 유일한 가시적 성과라 해도 과언이 아니다.

이승만의 외교위원장 선출은 1933년 국제연맹에 독립 호소를 위해 스위스 제네바에 가서 활동을 벌인 이후 8년 만에 공식적으로 항일 독립 외교를 할 수 있는 기회를 그에게 준 것이었다. 이승만은 '공식적 지위'의 필요상 이를 받아들인다. 동시에 기능정지 상태에 있던 구미위원부의 활동도 재개했다.

그러나 그는 애당초 연합위원회를 탐탁치 않게 생각했다. 여러 가지 요인들이 있었겠지만 특히 지방색으로 인한 지지 노선의 차이가 큰 문제였다. 1910년대부터 시작된 한인 사회의 지방색은 크게 이북 출신들과 이남 출신들 사이에 나타났고 각각의 출신들 간에도 갈등이 있었다. 이승만은 주로 서울·경기·충청도 등 기호지방 출신들의 지지를 받았고, 동지회에도 이들이 주류를 이루었다. 독립운동 노선도 이남 출신들은 이승만의 외교 노선을 지지하는 편이었고, 이북 출신들은 지리적으로 중국이나 소련 땅과 가까운 때문인지 무장투쟁 노선을 선호했다. 20년대의 무장투쟁론자 박용만이 대표적인 경우다. 그래서 이승만은 연합위원회들 자신을 적극적으로 지원해 줄 단체로 생각지 않았다. 결국 1943년이 되면 그의 지지단체인 동지회는 연합위원회에서 탈퇴하고 만다.

어쨌든 1941년 4월 그에게 '외교위원장'이란 직함이 주어졌다는 것은 이승만으로서는 다시 한 번 적극적으로 대미 외교를 전개할 수 있는 신분적·물질적 기반이 제공된 셈이었다. 이승만은 즉각 중경임시정부로 연락해 신임장을 보내달라고 요구했다. 6월 4일자로 이승만은 임정에 의해 워싱턴 전권대사의 자격을 인정받아 대미 외교활동을 전개하게 된다. 이로써 사실상 '구미위원부'가 되살아난 것이다. 이승만은 12월 8일 태평양전쟁이 발발하자 3일 후인 11일 임정의 대일선전포고를 미국무부에 전달하는 등 바쁜 일정을 보냈다.

해가 바뀌어 1942년 2월 27일 워싱턴 라파예트호텔에서는 각 단체대표 100여 명과 미국의 저명인사 100여 명이 참석한 가운데 '재미한족대회'가 열렸다. 세계전쟁의 격화와 함께 한국의 독립 기운이 점점 높아가는 시점에서 재미 한인들의 단결심을 높이고 미국 시민들에게 한국독립의 당위성을 알리기 위한 행사였다. 그는 외교위원장 자격으로 개회사를 했고 이틀 후인 3월 1일에는 1919년 독립선언기념일 행사를 주도했다.

이승만 신화를 되살린 단파방송

1942년 6월부터 이승만은 국내에 있는 동포들에게 단파방송 '미국의 소리(VOA)'를 통해 특유의 떨림이 강한 목소리로 단결을 촉구하고 반일 자세를 잃지 말 것을 촉구하는 연설을 보냈다. 일제의 마지막 발악에 시달리고 있던 한국인에게는 '복음'과도 같은 것이 아닐 수 없었다. 필자는 1995년 2월 『조선일보』 주최 이승만 전시회 때 이 단파방송을 직접 들을 수 있었다. 지금도 그때의 감동이 생생하다.

나는 이승만입니다. 미국 워싱턴에서 해내海內·해외海外에 산재한 우리 2,300만 동포에게 말합니다. 어디서든지 내 말을 듣는 이는 자세히 들으시오. 들으면 아시려니와 내가 말을 하려는 것은 제일 긴요하고 제일 기쁜 소식입니다. 자세히 들어서 다른 동포들에게 일일이 전하시오. 또 다른 동포를 시켜서 모든 동포들에게 다 알게 하시오. 나 이승만이 지금 말하는 것은 우리 2,300만의 생명의 소식이요, 자유의 소식입니다. 저 포악무도한 왜적의 철망, 철사슬에서 호흡을 자유로 못하는 우리 민족에게 이 자유의 소식을 일일이 전하시오. 독립의 소식이 니 곧 생명의 소식입니다. 왜적이 저희의 멸망을 재촉하느라고 미국의 준비 없는 것을 이용해서 하와이와 필리핀을 일시에 침략하여 여러 천 명의 인명을 살해한 것을 미국 정부와 백성이 잊지 아니하고 보복할 결심입니다. 아직은 미국이 몇 가지 관계로 하여 대병大兵을 동動 하지 아니하였으매 왜적이 양양자득하여 온 세상이 다 저의 것으로 알지마는 얼마 아니해서 벼락불이 쏟아질 것이니 일황 히로히토의 멸망이 멀지 아니한 것은 세상이 다 아는 것입니다. 우리 임시정부는 중국 중경에 있어 애국열사 김구·이시영·조완구·조소앙 제씨가 합심 행정하여 가는 중이며, 우리 광복군은 이청천·김약산·유동열 여러 장군의 지휘하에서 총사령부를 세우고 각방으로 왜적과 항거하는 중이니, 중국 총사령관 장제스와 그 부인의 원조로 군비군물軍備軍物을 지배하며 정식으로 승인하여 완전한 독립국 군대의 자격을 가지게 되었으며, 미주와 하와이와 쿠바와 멕시코 각지의 우리 동포가 재정을 연속 부송하는 중이며 따라서 군비군물의 거대한 후원을 연속히 보내게 되리니 우리 광복군의 수효가 날로 늘 것이며 우리 군대의 용기가 날로 자랄 것입니다. 고진감래苦盡甘來가 쉽지 아니하나니 37년 전 남의 나라 영지에 숨어서 근거를 삼고 얼고 주리며 원수를 대적하던 우리 독립군이 지금은 중국과 영·미국의 당당한 연맹군으로 왜적을 타파할 기회를 가졌으니 우리 군인의 의기와 용맹을 세계에 드러내며 우리 민족의 정신을 천추千秋에 전할 것입니다. 일본과 만주와 중국과 우리나라와 서백리아(시베리아)

각처에 있는 동포들은 각각 행할 직책이 있으니 왜적의 군기창은 낱낱이 타파하시오. 왜적의 철로를 일일이 파상하시오. 적병이 지날 길은 처처에 끊어 버리시오. 언제든지 할 수 있는 경우에는 왜적을 없이 해야만 될 것입니다. 이순신·임경업·김덕령 등 우리 역사의 열렬한 명장의사名將義士들의 공훈으로 강포무도한 왜적을 타파하여 저의 섬 속에 몰아넣은 것이 역사상 한두 번이 아니었나니 우리의 용기를 발휘하는 날은 지금도 또 다시 이와 같이 할수 있을 것입니다. 우리 내지內地에서는 아직 비밀히 준비하여 숨겨두었다가 내외에 준비가 다 되는 날에는 우리가 여기서 공포할 터이니 그 때에는 일시에 일어나 우리 금수강산에 발붙이고 있는 왜적을 일제히 함몰하고 말 것입니다. 내가 워싱턴에서 몇몇 미국 친우들의 도움을 받아 미국 정부와 교섭하는 중이며 우리 임시정부의 승인을 얻을 날이 가까워옵니다. 승인을 얻는대로 군비군물의 후원을 얻을 것입니다. 그러므로 희망을 가지고 이 소식을 전하니 이것이 즉 자유의 소식입니다. 미국 대통령 루스벨트 씨의 선언과 같이 우리의 목적은 왜적을 파한 후에야 이루어질 것입니다. 우리는 백배나 용기를 내어 우리 민족성을 세계에 한 번 표시하기로 결심합시다. 우리 독립의 서광이 비치나니 일심합력으로 왜적을 파하고 우리자유를 우리 손으로 회복합시다. 나의 사랑하는 동포여! 이 말을 잊지 말고 전하여 준행하시오. 일후에 또 다시 말할 기회가 있으려니와 우리의 자유를 회복하는 것이 이때 우리 손에 달렸으니 분투하라! 싸워라! 우리가 피를 흘려야 자손만대의 자유기초를 회복할 것이다. 싸워라, 나의 사랑하는 2,300만 동포들이여,

뉴욕 한미회의 한국후원 기념(1955.1.23.)

　이 방송 내용은 몇 주일 동안 매일 반복해서 방송되었다. 당시의 사정으로 볼 때 이 방송을 들은 사람은 국내에 얼마 되지 않았을 것이다. 그러나 일본 군국주의 통치가 극에 달했던 1942년이라는 시점에서 우연히라도 이 방송을 들은 한국인들은 얼마나 가슴 벅찬 감격을 느꼈을 것인가.

　이승만은 이 방송을 하기에 앞서 이미 1941년 12월 25일 COI의 요청에 따라 한글방송을 한 적이 있고 이후에도 영어와 한국어로 여러 차례에 걸쳐 방송을 했다. 문제는 이 단파방송이 의외로 국내 독립운동가와 여론지도층에 커다란 영향을 불러 일으켰다는 점이다. 단파방송은 이승만의 명성을 제고시켰을 뿐만 아니라 지도자로서 신비감, 민족해방의 희망과 우상으로 자리잡게 했다. 특히 이승만의 단파방송은 좌파의 여운형·허헌·한설야·홍증식이나 우파의 송진우·백관수·김병로·이인 등 주요 인사들에게 영향을 주게 된 구체적인 경로를 추적함으로써 적어도 여론주도층 사이에서 생겨난 '이승만 신드롬'이 해방 직후 정국에 어떤 영향을 주게 되었는지를 생생하게 제시했다는 점에서 주목을 끈다.

이승만의 단파방송을 국내에 확산시킨 주인공은 홍익범洪翼範이라는 인물로 일본 와세다대학과 미국 콜럼비아대학에서 공부했고 1932년 귀국해 1940년『동아일보』가 폐간될 때까지 동아일보 기자로 활동했다. 미국에 있을 때는 동지회에서 일하며 이승만과 관계를 맺은 바 있었다.『조선일보』와『동아일보』가 폐간되자 국내 독립운동가나 민족지도자들은 전황戰況 정보에 목말라했고 마침 홍익범은 경신학교 시절부터 길은 인연을 맺고 있던 선교사 에드윈 W. 쿤스Koons 등이 소유한 단파수신기를 통해 전쟁 상황을 입수해 송진우나 윤보선에게 전달했다. 흥미로운 것은 쿤스 선교사의 경우 친한파 인사였기 때문에 1942년 5월 '미국 간첩 혐의'로 추방됐고 귀국해서는 샌프란시스코에 위치한 OWI(Office of War Information; 전시정보국) 해외부 태평양국 한국과 고문으로 일하게 된다. 그는 1903년부터 한국에 파견됐기 때문에 이승만과도 이미 충분한 교분이 있었다고 봐야 한다. 전시정보국 다름 아닌 이승만이 방송한 '미국의 소리(VOA)'를 담당했고 그 중에서 한국어 방송은 당연히 쿤스가 책임자였다.

마침 쿤스가 떠날 무렵 단파수신기를 압수당하자 홍익범은 경성방송국 방송작가로 일한 적이 있는 송남헌과 접촉해 경성방송국 직원인

양제현과 연계를 맺었다. 이렇게 해서 다시 홍익범은 국내 주요인사들에게 이승만의 단파방송을 전파하는 자발적인 역할을 계속할 수 있게 됐다. 정병준에 따르면 홍익범이 단파방송 내용을 전달한 주대상은 자신이 근무했던 동아일보사 출신의 민족진영 인사들이었다. 그런데 1942년말 경성과 개성 방송국의 직원들이 단파방송을 수신하다가 일본 경찰에 발각된 이후 대대적인 검거선풍이 불어 250명 이상이 체포됐고 홍익범의 경우 징역 2년형을 선고받았으나 고문 후유증으로 1943년 옥사했다. 그가 귀국하기 불과 2년 전에 국내에서 일어났던 이 사건은 적어도 지도층 인사들에게는 이승만의 '위용'을 다시금 인식하는 계기가 된다.

OSS계획에 참여하다

미국과 일본이 전쟁 상태에 들어가자 이승만은 미국내 한국 청년들을 비밀리에 미군 특공대 OSS(Office of Strategic Service; 전략정보국)에 참여시키는 계획을 세운다. 물론 이승만의 속셈은 그것을 통해 '임정臨政승인'을 받아내는 것이었다. 그리고 임정승인을 중국·노령 지역의 항일무장투쟁에 대한 지원으로 연결시키려 했다. 이 점은 제2차 세계대전이 끝나갈 무렵 서둘러 광복군을 강화해 국내 진격에 참여함으로써 임정의 정당성을 확보하려 했던 김구의 구상과도 일맥상통한다. 적어도 이때까지 이승만과 김구의 관계는 아주 양호했다.

　1941년 12월 일본이 진주만을 폭격하자 미국은 즉각 일본에 대해 선전포고를 하고 이듬해 1월 스틸웰 중장을 중국·버마·인도 전구戰區 사령관으로 임명하면서 중일전쟁에 관여하기 시작했다. 미국은 당시 중국전선에 지상군을 투입하지는 않고, 곤명昆明을 비롯한 중국 남부 지역에 공군을 주둔시켜 중국군을 간접 지원하는 한편 이들 전구에서 미국의 작전을 원활하게 지원할 수 있는 첩보부대의 창설 계획을 세웠다. 이렇게 해서 1941년 7월 대통령 직속기관으로 정보조정처를 만들고 그 산하에 101부대를 창설했다가 첩보 관련 부대들을 통폐합해 이듬해 6월 13일 대외 첩보공작기관인 OSS를 공식 발족시켰다.

설립자는 뉴욕의 변호사 출신인 윌리엄 도노반 소장이었고 이승만과 친분이 있던 굿펠로우도 설립에 관여했다. 도노반은 중국에서 오래 지냈고 한국에 대해서도 비교적 지식을 가진 중국통 엣선 게일Eson Gale에게 책임을 맡겼다. 게일은 25년간 중국에 거주하며 다양한 인맥을 쌓았고 박사학위까지 있던 그는 도노반에 의해 동아시아지역 담당 특별고문으로 위촉됐다. 이승만은 게일과 긴밀한 관계를 갖고 있었다. 자연스럽게 게일은 이승만·서재필·한길수 등 미국내 한인 독립지도자들 중에서 이승만을 OSS와 협력할 수 있는 적임자로 꼽았다. 무엇보다도 이승만이 1941년 초 출간한 영문 저서 『Japan Inside Out』이 결정적인 이유가 되었다. 일본을 상대로 한 첩보 공작을 펼치는 데 있어 그 책을 통해 일본의 전쟁 심리를 탁월하게 분석하고 일본의 미국 공격을 예측했던 이승만에게 기대를 건 것은 어쩌면 당연한 결과인지 모른다. 심지어 게일은 이승만을 쑨원에 비유하기도 할 정도로 높이 평가했다.

OSS의 임무는 포로의 심문과 적 문서 번역, 적의 방송 및 무전청취 등을 통한 적敵 정보 수집, 적 점령지역이나 그 후방에서 현지 주민들을 중심으로 유격대를 조직해 적 시설 파괴공작 등을 수행하는 것이다. OSS의 창설 목적 중에는 장기적으로 일본을 공격하게 될 경우 제주도를 비롯한 한반도를 전진기지로 삼을 수 있다는 전략적 고려도 포함돼 있었다.

1942년 1월 24일 게일은 후방공작을 위한 한국인 고용이라는 보고서를 도노반소장에게 제출했고 도노반은 일단 그것을 승인했다. 이후 게일은 충칭에 들어가 김구와도 접촉하는 등 후방교란을 위한 한인 고용에 대단히 적극적이었다.

이후 6월에 COI가 OSS로 확대개편되자 평소 친분이 있던 이승만과 굿펠로우는 한국인 정년의 OSS참가와 관련해 구체적인 계획 수립에 착수했다. 당초 계획은 일본어에 능통한 한국인 청년 100여 명을 선발해 소정의 비밀 훈련을 마친 후 적당한 시기에 임무를 수행케 한다는 것이었다. 그러나 미국내 한국인 2세나 3세 중에 일본어에 능통한 청년을 모집한다는 것은 거의 불가능했다. 그래서 이승만의 구미위원부는 극비리에 미국 전역은 물론이고 하와이·멕시코·쿠바 등 중남미에까지 요원을 파견해 적격자를 추려냈다.

제1호 한국인 OSS대원으로 선발된 사람은 재미 유학생 장석윤張錫潤이었다. 다음은 필자가 1995년 장석윤 옹과 가진 인터뷰 내용이다.

이승만 박사를 처음 본 것은 1925년 뉴욕에서 교민을 상대로 한 연설회에서였지. 그때 이 박사가 '교포들은 단결해라', '한국 독립을 언제나 생각하라', '부지런히 일하고 공부하라', '2세들에게 독립정신을 철저히 교육시키라' 등의 내용을 강조했었어. 그러나 그 분을 개인적으로 알게 된 건 1942년 3월 워싱턴에서 열린 한국의 자유를 위한 회의 때였지. 나는 당시 밴더빌트대학을 졸업하고 몬태나에서 생활하고 있었는데 자유대회가 열린다고 해서 뉴욕에 갔다가 이 박사와 정식 인사를 했어.

서울 목동의 단칸방에서 만난 제1호 한국인 OSS대원이자 유일한 생존자였던 장석윤(당시 91세)은 고령에도 당시의 일을 생생하게 기억하고 있었다. 아무래도 2세나 3세보다는 유학생이 일본어에 능했기 때문이었다. 이런 식으로 OSS대원이 된 인물들 중에는 장기영·이순용·정윤수·유일한·김길준 등 장차 대한민국에서 중요한 역할을 맡게 될 인물들이 다수 포함돼 있었다.

지금의 미국대통령 별장이 있는 캠프데이비드가 바로 이들이 훈련을 받은 곳이다. 훈련을 마친 장석윤은 인도와 버마 접경 지역의 차보아에는 101지대에 배치됐다. 여기서 그는 일본인 포로를 심문하고 버마 청년들에게 게릴라 훈련을 시키는 임무를 수행했다. 그러면서 동시에 이승만과 중경임시정부 간의 연락업무도 수행했다고 밝혔다. 1944년에는 직접 중경으로 가서 주석 김구와도 접촉했다. 그해 7월 그는 워싱턴으로 귀환명령을 받는다. 해방되던 해 11월 16일 미군 군속 신분으로 귀국한 그는 정보참모부에서 일하다가 1950년 5월 19일 치안국장을 거쳐 1951년과 52년에는 내무차관과 장관을 지냈고 이후 강원도에서 3~4대 민의원을 지냈다.

이승만이 OSS에 한국인 청년들을 가담시킨 이유는 분명하다. 앞서 말한 것처럼 임정 승인 때문이었다. 임정 승인을 받아내기 위한 이승만의 노력은 정말 집요했다. 1994년 12월 국가보훈처가 간행한 『대한민국 임시정부 승인 관련 문서』에 따르면, 이승만은 자신이 직접 루스벨트 대통령이나 미 국무부에 임정 승인 촉구 서신을 보낸 것은 말할 필요도 없고 친한파 미국인들을 통한 대對의회 로비를 통해 1942~3년 2년 동안에만 질레트·토미·챈들러·체스너트·알렉산더·오다니엘·터넬·코넬리 상원의원, 월리엄스·스테저스·클레버그·블름·벡워드·화이트·질리 하원의원, 스미스 예산위원장 등 상당수 미 상하원 의원들이 미 국무장관에게 임정 승인을 촉구하게끔 했다는 것을 확인할 수 있다. 물론 미국은 결국 임정을 승인하지 않았다.

1942년 미국에서 시작된 이승만과 OSS의 군사적 합작은 광복군과 OSS의 군사 합작으로 이어지는 결정적 계기를 마련했다. 그래서 전쟁이 막바지에 이르렀던 1945년 3월 15일 광복군 대표 김학규金學奎와 중국 곤명의 미군 제14항공대 사령관이자 주중駐中 OSS 최고 책임자 클레어 셰놀트 소장 간에 한미 군사 합작에 관해 합의를 보았다. 광복군과 OSS의 합동작전 준비는 순조롭게 진행돼 광복군의 전투력 향상에도 크게 기여했으며 8월 9일에는 OSS 총책임자 도노반 장군이 직접 광복군 제2지대의 훈련 성과를 점검하고 김구·이청천·이범석 등과 함께 OSS 대원의 국내 투입을 결정했다. 유감스럽게도 바로 다음날인 10일 일본의 항복의사 표명 사실이 전해지면서 광복군 OSS대원의 국내 투입 계획은 무산되고 말았다.

정체불명의 한길수와 대립하다

1943년 이후 이승만의 대미對美 외교활동은 다시 지지부진한 상태로 접어든다. 일본과 전쟁에서 승기를 잡은 미국은 1943년 중반부터 유럽 전선에 집중하기 시작했다. 한국 문제는 신경 쓸 겨를도 없었다. 그리고 갑자기 등장한 한길수韓吉洙란 인물도 걸림돌이었다. 국무성에서는 애당초 이승만을 '독립에 미친 골칫거리 노인네' 정도로 생각하고 탐탁치 않게 생각하던 차에 '한인사회를 대표한다'는 또 한 명의 인물이 등장하자 '한인사회의 분열 때문에 임정을 승인할 수 없다'는 명분을 적극 내세우며 이승만에게 비협조적 태도를 보인 것이다.

1943년 중반 그는 내외로 어려움에 휩싸였다. 미 국무부는 소련을 견제해야 한다는 이승만의 견해를 일고의 가치도 없는 것으로 간주했다. 임정 승인 요청은 아무런 진척도 보지 못하고 있었다. 1942년 초부터 관계를 맺고 활성화될 듯 하던 군부와의 관계도 더 이상 발전적으로 이어지지는 못했다.

그러나 그를 정말로 곤란에 빠트린 것은 이 같은 외부와의 관계보다는 재미 한인사회 내부의 갈등이었다. 1941년 4월 하와이에서 발족된 연합위원회와 이승만의 갈등이 그것이다. 1942년 중반부터 연합위원회는 이승만에게 구미위원부를 해산하고 연합위원회 산하 외교위원장의 자격으로만 활동해 줄 것을 요구했다. 이승만은 생각이 달랐다. 구미위원부는 임정의 기관이므로 연합위원회가 구미위원부의 산하 기관으로 들어와야 한다는 것이다. 갈등은 결국 1943년 9월 이승만을 지지하던 동지회의 연합위원회 탈퇴로 이어진다. 그래서 연합위원회는 1944년 6월 구미위원부와는 별도로 워싱턴 사무소를 개설하고 책임자로 김원용을 선정한다. 김원용은 국민회 기관지『신한민보』에서 오랫동안 일했으며 반反이승만의 선봉이었다. 지금도 이승만의 재미 활동을 비판할 때 반드시 인용되는 책『재미한인 50년사』는 바로 김원용이 쓴 책이다.

이때부터 이승만의 생각은 전후戰後 한국 상황의 문제에 집중되었다. 이제 일본을 한국에서 내쫓는 것은 시간문제로 보였기 때문이다. 그가 미 국무부에 가서 하는 얘기의 메뉴도 바뀌었다. 소련이 한국에 소비에트 위성국을 세우려 하기 때문에 임정을 승인해야만 소련의 야심을 막을 수 있다는 논리였다. 그러나 국무부의 소장 관리들은 주로 소련의 존재를 인정하는 한 한국 독립은 좌우 연합정부에 의해 가능하다는 견해를 갖고 있었다. 이승만은 강력히 이에 반대했다.

1945년 이승만은 만 70세였다. 이승만은 4월 25일 샌프란시스코에서 열리는 유엔 창립총회에 참석하기 위해 샌프란시스코로 갔다. 총회 참석을 위해 미국 정부와 교섭했으나 거절당했다. 이승만은 옵저버 자격으로라도 참석하기 위해 '임정 대표단'을 구성하였다. 문제는 연합위원회 워싱턴 사무소와 중한中韓민중동맹의 한길수도 각각 회의 사무국에 참석을 신청했다. 다시 분열상이 드러난 것이다. 이들은 며칠간의 논쟁을 거쳐 겨우 회의에 제출할 문서를 완성했다. 그러나 이 문서는 접수자체를 거부당했다. 사무국장이 친소련 인물 앨저 히스였다.

이때부터 이승만은 일본의 항복 소식이 전해진 1945년 8월 15일까지 특별한 활동을 보이지 않았다. 1945년 8월 14일 밤 11시(미국 시간).일본의 항복 소식이 라디오 임시 뉴스에서 흘러나왔다. 이 시간 바로 곁에 있었던 프란체스카의 회고담이다.

그 분은 임시 뉴스를 듣다 말고 벌떡 일어나셨어요. '이봐, 일본이 항복했어. 우린 귀국하는 거야.' 그 분은 제 손목을 꽉 붙잡고 말을 잇지 못했습니다. 그 분으로서는 너무나 오랜 기다림이었죠. 그저 눈물을 글썽이면서 제 손만 꽉 잡고 계셨습니다. 전 얼떨떨한 가운데 이 분이 너무 흥분하셔서 어쩌나 하는 염려마저 들었습니다.

잠시 후 워싱턴에 살던 동포들이 이승만이 살던 마운트 플리전트의 2층 벽돌집으로 몰려들었다. 이 집은 이승만이 『Japan Inside Out』의 인세로 1만 달러에 산 집이었다.

그러나 쉽게 돌아갈 수가 없었다. 그의 조국은 아직 완전 독립되지 않았다. 이승만의 귀국 지연. 거기에는 한길수를 지원하고 이승만을 반대했던 국무부 내 반 이승만 성향의 관리들의 배후 작용이 컸겠지만 보다 근본적으로는 당시 한반도의 정세가 크게 작용했다고 볼 수 있다. 당시 미국의 대소對蘇·대한對韓정책이라는 관점에서 이승만은 도움이 되기보다는 오히려 방해 요인이 될 가능성이 높았기 때문이다. 남한 단독정부를 수립하건 소련과 협상을 꾀하건 미국(특히 국무부)의 입장에서는 미국의 의도에 순순히 따라줄 인물이 적합했겠지만, 이승만은 국무부가 4~5년 동안 그에게 시달리면서 경험한 대로 한국의 독립을 절대시하고 소련에 적극 반대하는 '고집불통 늙은이'였기 때문이다.

귀국과 건국의 정치

이승만 귀국 전 정국상황 : 좌익 득세기

1945년 8월 15일 광복부터 이승만이 10월 16일 환국하기까지 정확히 2개월 동안 국내 정국은 어떤 상황이었는가? 이승만이 돌아와 과연 어떠한 여건에서 건국운동을 시작했는가를 이해하기 위해서는 그가 한국에 없었던 2개월 동안의 정국을 제대로 파악하는 것이 선행되어야 한다.

학계에서는 이 시기를 '좌익 득세기'라고 부르는 데 주저하지 않는다. 실제로 이 기간 동안 가장 활발하게 움직인 조직은 여운형이 주도한 조선건국준비위원회(이하 건준)와 박헌영의 등장과 함께 건준을 계승 발전시킨 조선인민공화국 등 좌익 성향의 기구들이었다.

거기에는 그만한 이유가 있었다. 당시 우리 국민들이 사회주의 이념에 동조한 결과라기보다는 우파에 여운형에 비견할 만한 이렇다 할 지도자가 없는데다가 좌파의 경우 국내 정치세력 중에서 거의 유일하게 '조직' 운동의 경험을 갖고 있었기 때문에 발 빠른 행보를 시작한 것이 가장 결정적인 이유였다.

조선총독부에서는 8월 10일 단파 방송을 통해 일본이 포츠담선언을 수락한 사실을 알고서 일본인들의 안전한 귀국을 위한 대비책에 골몰하게 되었다. 조선총독부에서는 송진우·여운형에게 차례로 치안 담당을 부탁했다. 그러나 송진우는 이를 거부했고 여운형은 8월 15일 아치독부 엔도 총감을 만나 ① 조선의 정치범·경제범 즉각 석방, ② 서울의 식량 8~10월 3개월분 확보, ③ 치안 유지와 건설사업 보장, ④ 조선 학생의 훈련과 청년 조직 간섭말 것, ⑤ 조선 노동자들의 건국 사업 참여보장 등 5개항을 제시하고 엔도총감의 마지못한 수락을 받아내었다.

여운형은 15일 저녁부터 중도우파인 안재홍과 함께 좌우 합작 성격의 건준 조직에 즉각 착수했다. 16일부터 전국 각지의 교도소에서는 수천 명의 정치범들이 대거 석방되었고 이들 다수는 건준의 지방 조직 사업에 적극 나서 건준의 외형적 힘은 급속도로 강화되었다. 건준은 16일 치안대를 발족시켰다. 학계의 연구에 따르면 당시 중앙 건국치안대 산하의 지방 치안대가 전국에 162개소나 설치되었다고 한다.

이와 함께 여운형은 송진우를 끌어들여 명실상부한 좌우 합작 정부를 구성할 요량으로 협조를 요청하나 "나는 중경임시정부를 지지한다"는 명분하에 거절당했다. 송진우가 여운형의 협조제의를 거부한 이유는 첫째, 송진우 계열에는 적극적이건 소극적인건 민족해방운동에 관계한 인물을 찾기가 어려웠고 둘째, 일제시기에 송진우 계열은 자치운동·민족

개량주의의 본산으로 지목되어 사회주의자들한테 혹독히 공격당해 감정적으로 좌파에 대해 부정적이었으며 셋째, 송진우는 미국과 중경임시정부의 위력을 과신해 미군이 상륙한 후 중경임시정부를 추대하면 다른 세력을 누를 수 있다고 판단했기 때문이라고 밝히고 있다.

어떤 이유에서건 국내에서 우익을 대변할 수 있는 안재홍은 건준에 참여하고 송진우는 정세 관망의 태도를 유지했기 때문에 광복 직후 정국을 좌파가 일방적으로 주도한 것은 상당 부분 불가피한 것이었는지도 모른다.

건준이 활성화될 수 있었던 결정적 이유는 당시 남한의 정치지도자들이 정보에 어두워 한강을 기점으로 해서 남과 북으로 미군과 소련군이 분할 점령하는 것으로 알고 있었기 때문이라는 것이다. 실제로 38선을 경계로 미소 양군이 한반도를 분할한다는 맥아더 미美극동사령관의 발표가 나온 것은 9월 2일이다. 건준에 참여했던 안재홍이 건준을 떠나게 되는 것도 미군의 서울 진주설이 기정사실화된 9월 4일이었다는 점을 감안한다면 나름대로 설득력 있는 지적으로 보인다.

형식적으로는 조선총독부가 잔존하고 있었고 실질적으로는 건준이 권력을 장악한 9월 초까지 건준에는 145개의 지부가 만들어졌다. 해방정국에서 여운형이 주도권을 장악한 시기는 딱 이때까지이다.

오히려 9월부터는 박헌영의 부상이 두드러진다. 9월 7일 맥아더가 "북위 38도 이남의 조선 영토와 조선 인민에 대한 통치의 모든 권한은 당분간 본관의 권한하에 시행된다"는 포고령과 함께 8일 미군 7만 2,000명이 인천에 도착해 9일 총독부로부터 남한에 대한 통치권을 접수하였다. 12일부터 아놀드 소장이 군정장관에 취임해 미군정이 시작됐지만 미국이 한국 정세에 대해 특별한 견해를 갖고 들어온 것은 아니었다.

일제 말기 광주의 벽돌 공장에서 숨어 지내던 박헌영은 광복 직후 서울로 올라와 과거의 조선공산당 동지들을 규합해 8월 20일에는 조선공산당재건위원회를 결성한다. 반면 일제하 공산주의자 정백·이승엽·조동호 등은 이보다 4일 빠른 16일 서울 종로 장안빌딩에서 별도로 조선공산당을 결성한 바 있다. 이리하여 9월 8일 열성자대회가 열릴 때까지 조선공산당 내에도 재건파와 장안파가 대립하는 양상을 보였다. 그러나 이날 대회를 고비로 박헌영이 공산당내 주도권을 장악했다.

박헌영은 이처럼 공산당 세력내 주도권을 확보해나가는 한편 건준에도 깊이 파고들었다. 특히 8월 말과 9월 초 미군의 서울 진주설이 파다하게 퍼지면서 안재홍을 비롯한 건준 내 우파들이 탈퇴함에 따라 건준에 대한 박헌영파의 영향력은 급속도로 높아지고 그것은 9월 6일 조선인민공화국, 소위 '인공人共'의 선포로 이어졌다. 이때부터 짧은 기간 박헌영이 좌익 진영의 실력자로 부상한다.

9월 6일 박헌영 세력의 주도로 열린 인민대표대회에서 일방적으로 인민위원 55명, 후보위원 20명, 고문 12명이 선출됐다. 인민위원에는 이승만·김구·안재홍·조만식·김성수·이용설·김병로·신익희 등 우파 인사들도 다수 포함돼 있었다. 14일에는 중앙위원회에서 사실상 내각이라 할 수 있는 정부 부서 명단이 발표되었다.

주석 이승만, 부주석 여운형, 국무총리 허헌, 내정부장 김구, 외교부장 김규식, 군사부장 김원봉, 재정부장 조만식, 사법부장 김병로, 문교부장 김성수, 체신부장 신익희…….

이 명단은 사실 본인들의 의사가 반영된 것이 아니므로 별다른 의미를 부여할 필요는 없다. 다만 아무리 형식적이고 정치적 제스처 차원에 도이기 하지만 '주석 이승만'이란 대목에 대해서는 분석을 요한다. 박헌영이 이승만을 주석에 앉힌 것은 미군정을 의식한 것임과 동시에 중경 임시정부를 견제하기 위한 것이었다. 미국에서 활동한 이승만을 얼굴마담으로 내세움으로써 미군정의 인민공화국에 대한 거부감을 무마시키고 동시에 정통성 면에서 아무래도 인공人共에 비해 우위에 설 수밖에 없는 임시정부를 교란시키기 위한 전술이었다는 것이다.

한편 1980년대 연구는 애당초 이승만이란 인물을 부정한 상태에서 접근한 때문으로 보인다. 북한에서는 '박헌영이 이승만을 인공 주석으로 추대했다'는 사실을 박헌영이 '미제美帝의 간첩'이었다는 증거로 사용하고 있을 정도다. 서중석은 그의 저서에서 "이승만이 인민공화국의 주석이 되었다는 것은 그에게 커다란 정치적 후광이 될 수 있었다"고 밝혔다.

이상의 세 가지 견해들은 모두 현재의 입장에 치중한 나머지 이승만이라는 인물이 당시에 지녔던 한국 정치권에서 상징성을 배제하고 있다는 공통점을 갖는다. 만일 박헌영이 대중성이나 자질면에서 이승만보다 뛰어나거나 최소한 버금갔다고 했을 때도 그런 '조각'을 했을 것인지부터 물어보아야 한다. 박헌영은 이승만이란 이름 석자가 당시에 갖고 있던 상징적 힘을 이용할 필요가 있었다. 이용 목적이 단순히 미군정을 의

식했거나 임시정부를 견제하는 수준을 훨씬 뛰어넘어 이승만을 최고위직에 앉히지 않고서는 국민들에 의해 대표성을 인정받을 수 없었기 때문이라는 것이 훨씬 현실적이고 정확한 분석이 아닐까. 이는 특히 인공의 각료 명단이 현실적인 정치 협상의 결과가 아니라 말 그대로 박헌영 자신의 정치적 목적을 위해 최대한 이상적으로 구성된 것이라는 점에서 특히 그렇다. 아마도 당시 정국에서 동원 가능한 인물들을 총동원해 본인들의 정치적 입장은 별개로 하고 이상적인 조각을 한다고 했을 때 바로 인공의 각료 명단과 유사해지지 않았을까.

이승만이 가공架空의 정부에서 정치적 후광을 얻었다는 것도 앞뒤가 뒤바뀐 견해라 할 수 있다. '인공'이 이승만이 가진 정치적 상징성을 이용하려 한 것이지, 이승만이 '인공'의 주석이 됨으로 해서 정치적으로 이득을 본 것은 사실상 별로 없었기 때문이다. 이승만이 미 국무성의 방해로 귀국이 지연되고 있던 2개월 동안 국내에서는 본인의 의사와 하등 관계없이 이런 일들이 벌어지고 있었다.

배로 오는 것보다 더 걸린 귀국길

당시 배로 태평양을 건너는데 한달쯤 걸렸다. 광복의 소식이 전해진 직후 서둘러 뱃길로 귀국길에 올랐다 해도 9월 중·하순 쯤이면 돌아올 수 있었을 것이다. 그러나 이승만의 귀국은 뜻대로 쉽지 않았다.

32년 만의 귀국길. 이승만은 즉각 출국 수속에 나섰다. 처음에는 순조로운 듯했다. 그가 마닐라를 거쳐 서울로 가겠다는 여행 계획을 세워 국무부 여권과장 루스 쉬플레이Ruth Shipley 여사에게 여권을 신청했다. 9월 5일 쉬플레이는 제임스 번스 국무장관으로부터 이승만의 여권 발급을 재가 받았다. 그리고 아직 한반도는 군 작전지역이었으므로 군부의 허가도 필요했다. 현지 사령관 맥아더는 그의 여행을 허가하였다. 그래서 합참의 스위니 대령이 '재미 한국 고등판무관'의 자격으로 이승만이 귀국할 수 있게 허가서를 발급해 주었다.

드물게 이승만에게 호의적이었던 국무부 관리 매닝이 이승만이 타고 갈 항공기를 마련하고 있을 때 국무장관실에서는 이승만에게 고등판무관이라는 직함을 부여하는 것은 문제가 있다며 여권발급을 취소하도록 명령했다. 제동이 걸린 것이다. 그것은 원칙적으로 미국무부의 임정 불승인 정책 때문이었다. 9월 21일 매닝은 이승만에게 쉬플레이를 만나보도록 권유했다. 이 자리에서 이승만은 직함은 필요 없으니 귀국을 허가해 달라고 요청하였다.

이에 따라 다시 군 당국으로부터 직함을 생략한 허가서를 발급받아 국무부에 제출했다. 그러나 이번에는 국무부가 그의 여행에 협조할 수 없다는 더욱 완고한 통고를 받았다. 국무부는 이승만이 가더라도 오키나와나 도쿄에 착륙할 경우에는 맥아더의 특별 허가를 받아야 할 것이라고 밝혔다. 그밖에도 수많은 우여곡절 끝에 이승만은 그에게 절대적으로 우호적이었던 맥아더의 결정적 도움을 얻어 겨우 한국행 비행기에 오를 수 있었다. 고등판무관의 직함도 없어지고 그저 '한국에 돌아가는 한국인' 일뿐이었다.

이승만은 10월 5일 뉴욕을 출발했다. 공항에는 프란체스카와 미국인 친구들 그리고 구미위원부 임원들이 나와 노老항일운동가의 귀국을 전송하였다. 이때 이승만은 고별사를 남겼다.

나 한 사람은 오던지 가던지 죽던지 살던지 일평생 지켜오는 한 가지 목적으로 끝까지 갈 것입니다.

한 가지 목적이란 두 말할 것도 없이 '민주주의 국가'를 세우는 일이었다. 그는 먼저 하와이에 도착했다. 여기서 다시 이승만은 군용기 편으로 퀴젤린과 괌을 거쳐 10월 10일 일본 도쿄 근처 아쓰키 미군비행장에 내렸다. 출국 허가 때는 마닐라를 경우키로 돼 있었으나 이승만이 만나고 싶어 했던 맥아더가 마닐라에서 도쿄로 돌아가 있었기 때문에 비행경로가 바뀐 듯하다.

10월 10일 도착해 한국에 들어오는 것이 10월 16일이므로 이승만은 조국을 지척에 두고서 일주일 가까이 머물렀다는 뜻이 된다. 도대체 무슨 일이 그동안 있었던 것일까? 이승만은 10월 14일과 15일 두 차례 도쿄에서 '전 한국위원회 위원장이자 1919년 임시 대통령' 자격으로 맥아더를 만났다. 게다가 맥아더는 한국의 하지를 도쿄로 불러 이승만을 소개시켰다. 이승만이 귀국하거든 잘 도와주라는 뜻이었다. 국내 언론에는 하지는 긴급한 문제를 상의하기 위해 10월 12일부터 15일까지 도쿄 방문하고 돌아왔다고 보도했을 뿐 이승만을 만난 사실은 보도되지 않았다.

이런 만남을 거쳐 이승만은 일본에서 맥아더의 전용기를 타고 1945년 10월 16일 오후 5시 김포공항에 도착했다. 33년의 미국 망명생활을 끝내고 꿈에도 그리던 고국에 도착한 것이다. 임정 요인(고등판무관)이 아닌 개인자격(한국에 돌아가는 한국인)이었다. 이때 이승만은 민간인 목상으로는 군용기를 탈수 없다는 규정에 따라 미군 군복을 걸치고 비행기에 올랐다.

이승만·맥아더와 더불어 대한민국 건국의 3대축, 한민당

9월 8일 미군은 남한에 진주해 38선 이남의 유일한 합법적 통치기구는 미군정뿐임을 선포하고 기존의 모든 정치 세력들의 대표성을 부인했다. 대표성을 부인당한 주요 세력은 해외의 중경임시정부와 국내의 조선인 민공화국이었다. 이승만이 개인 자격으로 입국하게 된 것도 미국의 그같은 점령 정책 때문이었다.

반면 미군정 출범과 동시에 가장 발 빠르게 움직인 정치단체는 한국민주당이었다. 이승만·김구·김규식으로 대변되는 우익 독립운동 세력과는 구분되는 또 다른 우파인 한국민주당은 지주 출신들이 주축을 이루고 있었고 독립운동 과정에서도 이렇다 할 족적을 남기지 못한 인물들이 다수 참여하고 있었기 때문에 어차피 독자적인 세력화는 불가능한 입장이었다. 마땅한 국민적 지도자도 없었다.

그렇다면 한민당이란 언제 창당되었으며 어떤 성격의 정당이었나. 한국민주당은 원래 한국국민당과 조선민족당이 합당한 것이다. 그러나 말이 당이지 사실은 개인적 친분을 중심으로 한 보수파 그룹에 지나지 않았다. 한민당 발기대회는 미군의 서울 진주가 알려진 1945년 9월 4일 협성 실업학교 강당에서 열렸다. 이때까지만 해도 송진우나 김성수는 한민당에 참여하지 않았다. 송진우는 임정봉대론을 내세우며 정당 시기 상조론이라는 조심스런 입장을 개진하고 있었고, 김성수는 『동아일보』를 복간하고 보성전문을 대학으로 승격시켜 교육자로서 여생을 보낼 생각이었다. 명분이 어떠하건 두 사람 모두 해방 정국에서 주도권 장악을 위해 나설 만한 입장이 아니었다는 점에서 공통점을 갖는다.

오히려 이 두 사람은 미군이 서울에 진주하게 된다는 소식을 듣고 9월 4일 대한민국임시정부 및 연합군 환영준비회를 발족하는 일에 관심을 쏟았다. 이 준비회에는 한민당 인사들도 대거 참여해 장차 한민당과 송진우 – 김성수 세력이 연합할 수 있는 계기가 되었다. 당시 준비회 면면을 보면 위원장 권동진, 부위원장 김성수·허헌·이인 등이며 위원에는 송진우·윤보선·조병옥·홍명희·김약수·백관수·김도연·김병로 등이 뽑혔다. 이렇게 해서 미군의 서울 진주 하루 전인 9월 7일 연합국환영국민대회 준비회를 동아일보사 강당에서 개최했다. 여기서 보듯 주요 면면들은 대부분 동지회·흥업구락부·단파방송사건 등을 통해 이승만과 직간접적으로 연결된 인물들이었다. 유일한 예외는 조병옥으로 그는 흥사단 소속이었다.

미군은 서울 진주와 함께 미 군정청 이외의 그 어떤 정부도 인정할 수 없다고 발표했다. 이 성명은 인공을 내세운 좌익이나 임정 세력에게는 치명적이었으나 어차피 어느 주도 세력에 기생할 수밖에 없었던 한민당으로서는 호기好機였다. 그래서 9월 16일 천도교기념회관에서 창당대회를 열고 공식 출범을 알렸다. 여기서도 이승만은 김구·이시영·서재필 등 해외 독립운동가들과 함께 7인의 영수로 추대됐지만 귀국 후 그 추대를 수락하지 않았다.

　실제로 한민당은 9월 22일 중앙집행위원회를 열고 미 군정청에 대해 명망과 식견을 갖춘 한국인으로 자문위원회를 구성해 줄 것을 희망한다는 내용의 결의사항을 채택하고 미 군정청도 한국인 동조자의 필요성을 느껴 10월 5일 11명으로 된 고문회의를 구성했다. 고문회의 멤버 중 평양에 있는 조만식과 참가를 거부한 여운형을 제외한 나머지 9명이 모두 한민당 소속이었고, 김성수는 이 회의의 의장으로 선출됐다.

　이처럼 미 군정청이 한민당·흥사단 세력 등 자신들을 적극 지지하며 따라주는 한국인 집단을 확보한 다음 자연스럽게 취한 다음 행보는 좌익에 대한 견제였다. 서울 진주 이후에 원론적으로 미군정 이외에 다른 정부는 있을 수 없다는 발표만 해오던 미군정은 10월 10일 아놀드 미군정 장관 담화를 통해 구체적으로 박헌영의 인공을 부인하고 나선 것이다. 이에 따라 미군정과 한민당은 더욱 유착되고 인공은 미군정과 한민당 양측과 갈등이 심화되는 양상을 보이기 시작했다.

환국 일성, "덮어놓고 뭉칩시다!"

17일 오전 10시 조선총독부에 있던 미 군정청 제1회의실에서 열린 기자 회견장에 이승만이 참석해 환국 사실이 국내에 알려지게 된다. 신문들은 호외를 돌렸고 라디오는 그날 오후 7시 30분 첫 방송이 나간 이후 1주일 동안 계속 반복했다.

　노정객의 환국 성명은 사실 특별하다 할 내용은 없었다. 단결의 중요성을 강조하며 혼자만 살려고 하지 말고 모두가 한마음 한뜻으로 뭉쳐서 완전 독립을 찾자고 호소했다. 그의 성명 내용의 일부다.

> 나는 앞으로 조선의 자주 독립을 위해서 일하겠거니와 싸움을 할 일이 있으면 싸우겠다. 그러나 여러분 4천 년의 우리 역사가 어둠에 묻혀있는 것은 우리 민족이 불민한 탓이었다. 그 중에도 나와 같이 나이 많은 사람들의 잘못이 많았다. 그것은 내가 책임지겠다. 여러분은 젊기 때문에 그 책임이 적다. 4천 년의 역사를 이제 우리들의 손으로 다시 꽃피워야 하는 것이다. 그 좋은 기회가 우리 앞에 있다…….

이 짧은 인용 속에는 자주독립, 싸움, 나이든 세대의 책임 등 향후 그가 보여줄 정치 행위들의 상당수를 설명해 줄 수 있는 키워드가 들어 있다. "덮어놓고 뭉칩시다!"라며 이념 차이를 뛰어넘는 단결을 강조했다. 이 말은 언론들이 "뭉치면 살고 흩어지면 죽는다"고 윤색해 한동안 인구에 회자됐다. 성명 발표가 끝난 후 기자회견이 열렸다.

중경에 있는 임시정권이 국제적 승인 혹은 신임을 받고 있느냐는 질문에 이승만은 승인을 받고 있지 못하다는 것을 인정하면서 말했다.

> 그러나 중국에 있는 우리 동포와 미주美洲에 있는 만여 명의 우리 동포들은 그동안 국세까지 바쳐왔다. 대한민국의 주석 김구 씨는 여러 동지들과 생명을 바치고 우리 독립을 위하여 영웅적 투쟁을 하여왔다. 모두들 믿고 추대하여도 넉넉한 우리의 참된 지도자라고 생각한다.

이승만 귀국 연설

임시정부 한국 환영식장의 김구와 이승만

이 대답 속에는 임정의 대표자로서 김구의 우위를 인정하면서도 미주 동포를 중국과 함께 강조함으로써 자신의 위상을 간접적으로 확인하려는 의도가 보인다. 또 이승만은 38선에 관한 질문이 나오자 "우리나라가 이렇게 분할 점령된 전말에 대해서는 중경에 있는 우리 동포 누구도 알지 못한다"고 의도적으로 가볍게 넘기는 듯한 대답을 하고 있다. 그러나 모든 것이 불확실한 상황에서 귀국한 지 하루도 안 된 그로서는 그것이 최선의 대답이었는지도 모른다.

해방 직후 2개월간 전개된 국내의 정치 상황과 관련해 인민의 의사에 의한 참된 민주주의 정부를 세우자는 여론과 운동이 진전되고 있는데 대한 견해는 무엇이냐는 기자들의 질문에 대해서는 이렇게 답했다.

나에게는 아무런 정견도 없다. 다만 국내의 여러분과 합동하여 우리가 우리 손으로 우리 일을 할 수 있는 우리 국가를 하루빨리 세워야겠다는 것밖에 없다.

'국내에 특정한 정치적 지반이 없다'는 사실은 국내의 여러 정파들이 탐을 내기에 충분한 요소였다. 이승만이 귀국했다는 사실에 접한 송진우·장덕수·조병옥·김병로·허정·김도연·서상일 등 한민당 간부들이 17일 정오경 조선호텔로 찾아와 자신들의 지도자가 되어주기를 청했으나 이승만은 확답을 주지 않았다.

오후 2시경에는 여운형·허헌·이강국·최용달 등 이승만을 인공 수석으로 추대했던 좌파 인사들이 이승만을 찾아와 8·15 이후의 국내 상황과 인공 수립 과정을 보고하면서 관련 자료들을 제출했고, 정식으로 주석에 취임해 줄 것을 요청했다. 이승만은 이에 대해서도 완곡하게 거부했다. 이승만의 환국이 공식화된 그날부터 국내의 모든 정당과 단체들은 그를 '민족의 영웅', '최고의 지도자' 등으로 칭송하는 성명서 담화전단 등을 발표했고, 신문마다 그의 담화 내용을 다룬 기사들로 가득했다. 인공 중앙위원회가 이승만 환영위원회를 조직하고 발표한 환영 성명은 당시 이승만 환국을 보는 국내의 분위기를 단적으로 설명해준다.

조선인민공화국 주석 이승만 박사는 드디어 귀국하였다. 3천 만 민중의 경앙대망敬仰待望 적的이었던 만큼 전국은 환호에 넘치고 있다. 우리 해방 운동에 있어서 박사의 위공偉功은 다시 말할 필요조차 없는 것이다 조선 인민공화국 주석으로서의 추대는 조선 인민의 총의總意이며 이러한 의미에 있어서 해방조선은 독립조선으로서의 위대한 지도자에게 충심으로 감사와 만강滿腔의 환영을 바치는 것이다.

독립촉성중앙협의회 결성과 박헌영과의 기 싸움

1945년 10월 16일 환국해서 12월 반탁운동이 본격화되기까지의 기간 동안 이승만은 정치적으로 부침浮沈을 거듭했다. 그 같은 부침은 이승만이 가진 정치적 강점과 약점이 고스란히 드러난 때문이기도 했다.

환국 직후 좌우의 절대적 지지를 받던 이승만은 그 열기를 '독립촉성중앙협의회' 결성으로 이어갔다. '뭉치면 살고 흩어지면 죽는다', '덮어

놓고 뭉치자'고 한 이승만 자신의 정치 노선을 '독촉督促'으로 구체화시킨 것이다. '독촉'은 결과적으로 그 시점에서 이념과 정파를 뛰어넘는 지지를 받고 있던 이승만의 장점을 극대화시키고 '임시정부 주미대사' 정도의 자격밖에 안되는 구미위원부 대표라는 기존의 직함에서 비롯되는 단점을 극소화시킨 절묘한 수였다고 할 수 있다. 환국 당시 국내에 독자적 조직이나 세력이 없던 그에게 '독촉'은 그 같은 정치적 자원을 마련해 준 중대한 계기였다.

이승만은 환국 7일 만인 23일 자신이 묵고 있던 조선호텔로 전국의 65개 정당 단체 대표 200여 명을 모이도록 했다.

지금까지는 소리가 너무 많은 탓으로 세계에서 조선이 무엇을 요구하는지 모르고 있습니다. 그리고 조선의 장래를 걱정하고 있습니다. 오늘은 그 소리를 하나로 하여 세계에 표명하자는 것입니다. …… 무엇이든지 하나로 만듭시다. …… 타국 사람이 조선을 알려고 하면 곧 가서 물어 볼만한 책임 있는 기관을 만들어야 합니다.

그의 연설이 끝나자 좌익계열의 학병동맹에서는 민족 반역자의 처단 문제를 들고 나왔다.

자주 독립이나 대동단결은 조선민족 전체가 바라는 바입니다. 그러나 그것이 달성되지 않는 원인은 어디 있습니까. 민족반역자와 매국노적 행위를 하는 놈들 때문입니다.

곧이어 조선공산당에서도 대동단결의 선결 조건은 임정을 계승할 것인지 인공을 강화할 것인지를 분명히 하는 것이라면 임정에 비중을 둔 이승만의 입장에 반기를 들었다. 반면 한민당은 친일파 처단 및 입성 계승 문제와 관련해 좌익과 전혀 다른 의견을 개진했다.

이날 모임은 격론 끝에 일단 '독립촉성중앙협의회'라는 정당통일운 동협의체를 발족시켰고 국민당 대표로 참석한 안재홍의 제안으로 이승만은 독촉의 회장으로 추대됐다. 그리고 24일 이승만은 송진우가 장덕수에게 부탁해 마련한 돈암동의 청기와집 '돈암장'으로 거처를 옮겼다. 그전까지는 조선호텔에 머물렀다.

1차 회의 날짜를 잡지 못한 채 좌우 정당들 간의 논쟁이 계속됐다. 그 중 가장 중요한 문제는 좌익을 대표하는 박헌영의 설득 여부였다. 여운형의 '건준'을 제압하고 '인공' 선포로 기세를 올리던 박헌영은 이승만의 등장과 함께 일단 뒤로 물러서지 않을 수 없는 입장이었다. 그런데 이승만으로 인해 점차 우익의 목소리가 높아져 가는 것을 어떤 식으로든 견제하지 않으면 안 되는 숙제도 안고 있었다.

박헌영은 10월 30일 기자회견을 열고 이승만의 '무조건 통합론'에 맞서 '조건부 통합론'을 내세웠다.

조선에서는 아직도 일본 제국주의의 잔재 세력이 남아 있다. 친일파가 그 대로 남아 있는 것이다. 이러한 친일파를 근절시킨 다음 옥석을 완전하게 가려 놓고, 순전한 애국자, 진보적 민주주의의 요소만을 한데 뭉치어 통일하지 않으면 안 된다.

미국 시절부터 이미 철저한 반소 반공주의자였던 이승만이지만 통합에 대한 국민적 열망 때문에 일단은 박헌영 설득에 나선다. 흔히 '극우'로 분류되는 이승만이 '극좌' 박헌영에 대해 이처럼 유화적 태도를 보인 근본 이유는 좌익 이념에 대한 공감이라기보다는 당시의 분위기가 상당히 좌파적이었던 때문으로 보아야 할 것이다. 이승만으로서는 '독촉'의 광범위한 정당성 확보 차원에서도 박헌영의 참가를 끌어내야만 했다.

10월 31일 오후 3시부터 7시까지 장장 4시간 동안 이승만은 돈암장에서 박헌영과 단독 회담을 가졌다. 이승만은 '독촉'의 존재를 삼 천 만의 총의를 모은 통일된 기관으로서 시인하여 주는 동시에 여기에 힘을 합쳐줄 수 없겠느냐고 간곡하게 부탁(?)했다. 그러나 박헌영은 선숙청·후통합의 입장을 견지하며 자신의 입장을 고수하였다. 이승만은 이에 성스러운 건국 사업에 친일파를 제외하자는 원칙에는 동의하지만 지금은 그 시기가 아니라며 재차 설득을 했으나 완전한 의견 일치는 보지 못했다. 돈암장 회담은 그러나 논쟁의 불씨를 남겨둔 채 외형상의 '의견 일치'를 본 것으로 발표됐다. 이승만은 11월 1일 여운형과도 만남을 가졌다.

우여곡절 끝에 11월 2일 오후 2시 천도교 대강당에서 독촉 1차 회의가 열렸다. 정당 단체별로 2명씩, 수백 명의 대표들과 이 회의를 참관하려는 수천 명의 시민들이 강당을 가득 채웠다. 이 자리에서 이승만은 남북 분단의 책임이 미소 등 강대국에 있음을 분명히 했다. 그리고 그는 특히 10월 20일 미 국무성 극동국장 빈센트가 조선은 자치할 준비가 되어 있지 않으므로 공동신탁제를 실시하겠다는 내용이 23일 국내 신문에 보도된 것과 관련해 다음과 같이 지적했다.

조선 통치에 대하여 공동신탁제가 제안되었다는 보도를 접하고 참으로 경악을 느끼지 않을 수 없었다. 우리는 경의와 신실한 우존友存의 정신으로서 이 제안이 미국의 대對조선 정책에 있어서 한 가지 중대한 과오가 될 것을 지적하고자 한다.

여기서도 박헌영은 분단의 책임을 강대국으로 돌리는 것을 조선을 해방시켜준 나라들에 대한 예의가 아니라고 소련을 두둔하고 다시 친일파 숙청을 요구했다.

공산당에 대한 유화적 제스처는 이승만이 12월 19일 방송을 통해 명확한 반공 노선을 표명하기까지 계속된다. 그만큼 이승만이 '독촉'의 명분 확보를 중시했다고 볼 수 있다. 이에 따라 오히려 우파 진영에서 비판이 제기되기도 했다. 우익지右翼紙 『대동신문』은 12월 8일자에서 이승만의 좌파 회유 노력을 노골적으로 비난했다.

좌파와 연합을 시도했던 그 결과가 …… 이박사의 한참을 나가던 인기 고무풍선이 순식간에 급강하 저공비행을 하게 된 것이다.

조선공산당은 이미 11월 3일 이승만의 통일안에 정식으로 반대하는 성명서를 발표하고 16일 독촉에서 공식 탈퇴를 선언함으로써 이승만과 공식 결별했다. 이에 이승만은 12월 16일 방송을 통해 공산주의를 정면으로 비판하면서 이승만과 박헌영은 완전히 갈라서게 된다.

중경임시정부 요인들의 귀국

이처럼 좌익과 '연합'이 지지부진함을 면치 못하고 있던 11월 23일 오후 4시 5분 김구 주석, 김규식 부주석을 비롯한 임정요인 일진一陣 14명이 미군정이 보내준 C-47수송기로 김포공항에 이승만과 마찬가지로 개인 자격이라는 단서를 달고 귀국했다. 그날 저녁 이승만은 김구가 거처로 정한 죽첨장竹添莊 (뒤에 경교장으로 개칭)으로 찾아가 회포를 풀었고 다음 날 아침 자신을 찾아온 김구를 군정청으로 데리고 가 하지장군에게 소개시켰다. 경교장은 당대 최고의 광산업자였던 최창학씨가 마련해준 것이다. 이때부터 돈암장은 이승만, 경교장은 김구를 지칭하는 대명사가 되었다.

'형(이승만)', '아우(김구)' 하던 두 사람은 개인적 우의를 확인했지만 곧바로 신경전에 들어간다. 김구는 24일 하지와 만난 후 군정청 회의실에서 첫 기자회견을 가졌다. 이 자리에서 그는 "독립촉성중앙협의회에 대해 어떻게 생각하는가"라는 기자의 질문에 "말할 수 없다. 모르는 것은 말할 수 없다는 것이 원칙이니까"라고 답했다. 한 마디로 무시하겠다는 의사인 것이다. 임정을 대표하는 김구로서는 당연한 대답이기도 했다.

김구는 25일에도 돈암장으로 이승만을 찾아 오후 2시부터 저녁 늦게까지 환담했으며 12월 1일 서울운동장에서 열린 임시정부 봉영회奉迎會에도 함께 참석해 우익 진영의 쌍두마차임을 분명히 했다. 12월 2일에는 임시정부 의정원장 홍진洪震을 비롯한 22인의 임정 요인 2진이 서울에 도착해 3일 오전 경교장에서 전국무위원이 참석한 가운데 '역사적인 첫 국무회의'가 열렸다. 이 자리에는 이승만도 주미 외교위원회 위원장 자격으로 참석했다. 오늘날로 말하자면 주미 대사격이었다.

이날 국무회의의 하이라이트는 미군정 이외의 그 어떤 정부도 인정치 않겠다는 미군정의 방침에 대한 정면 도전 결의였다. 3일 오후 임정간부들은 군정청으로 하지 사령관과 아놀드 군정장관을 방문하고 임정의 지위에 대한 보장 여부를 타진했으나 "국제적 승인 없이 합법적 정부로 인정할 수 없다"는 부정적 답변만을 들었을 뿐이다. 귀국 후 한동안 기세를 올리던 임정 세력은 이로 인해 위축될 수밖에 없었다. 이에 따라 박헌영을 중심으로 한 인공측은 어차피 미 군정으로부터 인정받지 못하기는 인공이나 임정이나 마찬가지인 마당에 임정이 특권을 내세우는 것은 온당치 못하다며 임정을 비판하기 시작했다. 공격 목표를 한민당에서 임정으로 바꾼 것이다.

어차피 임정에서는 공식적으로 주미 대사의 자격밖에 없는 이승만에게 미군정 당국의 임정 불승인은 오히려 유리한 측면이 있었다. '독촉' 결성의 의미도 이런 맥락에서 본다면 임정과 '불가근불가원不可近不可遠'의 입장을 취하는 것이 최선이었던 이승만이 새롭게 대표성을 인정받으려는 치밀한 정치적 계산에 따른 것으로 보아야 현실적인 분석이 될 것이다.

짧았던 김구의 정국주도

1945년 12월 28일 미·영·소 3국 외상이 모스크바3상회의에서 한국을 5년간 신탁통치를 하기로 결정했다는 내용이 워싱턴 발 AP통신을 통해 국내에 전해지자 이승만은 즉각 성명서를 발표했다.

이 신탁통치에 대하여 미 국무성 극동사무국장 빈센트 씨가 누차 사한私
翰과 공식 선언으로 표시한 바 있으므로 우리는 이렇게 결과가 될 줄 예측
하고 이미 준비한 방책이 있어 그 방책대로 집행할 결심이니 모든 동포는
5개년 단축 시기라는 감언甘言에 견유見誘치 말고 일시에 일어나서 예정한
대로 준행하기를 바라며 따라서 우리 전국이 결심을 표명할시는 영·미·
중 각국은 절대로 동정할 줄로 믿는다.

이승만은 이미 귀국한 지 4일 만인 10월 20일 빈센트가 발표한 한국
신탁통치론에 대하여 강하게 비판한 바 있었다.

경악을 느끼지 않을 수 없다. 이 제안이 미국의 대對조선 정책에 이어서
한 가지 중대한 과오가 될 것을 지적하고자 한다.

반탁투쟁 초창기의 주도권은 김구에게 있었다. 김구를 비롯한 중경
임시정부 세력은 반탁투쟁을 중경임시정부 추대운동으로 연결시키려했
다. 그렇다면 이 무렵 이승만은 어떤 활동을 보였는가. 그가 1946년 2월
23일 미국의 올리버 박사에게 보낸 편지 내용이다.

나는 이제 침실 밖으로 나올 수 있을 만큼 원기를 회복하였음을 알릴 수
있어 기쁩니다. 나는 두 달 반 이상을 침실에 갇혀 있었고 그 동안은 편지

를 쓰지 못했습니다.

이를 바탕으로 역산逆算을 해보면 대략 12월 초부터 이승만은 외부 활동을 자제하고 있었다는 말이 된다. 실제로 이승만은 이 기간 동안 성명서를 발표하는 것 이외에는 뚜렷한 대외 활동을 보인 것이 없다. 그동안 그는 병을 앓고 있었다. 다만 같은 편지에 '겨우 최근에 와서 우리는 조직을 끝내는 데 성공하였고'라는 구절이 있는 것으로 보아 '독촉'의 중앙과 지방 조직을 비롯한 자신의 조직을 강화하는 데 몰두했던 것 같다.

이승만이 반탁투쟁 초창기부터 김구와 행동을 함께 했던 것처럼 설명해온 그 동안의 학설들은 일단 피상적 접근에 머물렀다고 보아야 할 것이다. 반탁에는 두 사람이 입장을 같이 하면서도 전개 방식이나 미군정과 관계 설정 등에서는 현격한 차이를 갖고 있었기 때문이다.

김구를 비롯한 임정 세력은 반탁을 중경임시정부 추대운동으로 연결시키려 했다. 그 배경에는 이승만에 대한 김구의 견제 의식도 깔려 있었다고 볼 수 있다. 중경임시정부측은 28일 탁치안託治案이 발표되자 즉각 긴급 국무위원회를 열고 주요 정당·사회단체·언론기관 등의 대표자들을 초청해 비상대책회의를 갖고 신탁통치 반대국민총동원위원회를 설치했다. 다음날 시내에는 반탁을 주장하는 각종 삐라들이 난무하고 각종 신문들은 반탁 관련 기사들로 가득 찼다.

29일 우익의 신탁 배격 대표자대회에서는 국민운동의 지침으로 첫째, 연합국에 임시정부 즉시 승인 요구, 둘째, 신탁통치 절대배격, 셋째. 전국 군정청 총사직 및 일체 정당 즉시 해체 등을 제시하면서 신탁통치

배격운동에 협력치 않는 자는 민족반역자로 규정한다고 발표했다. 서중석은 여기서 임정 승인이 제1차 항목으로 강조돼 있고 공산당, 인민당 등을 겨냥한 일체 정당 즉시 해체 부분을 들어 임정 세력이 정권 탈취를 기도했다고 분석한다.

실제로 이런 조짐은 있었다. 반탁운동이 절정에 달했던 31일 신탁통치 반대국민총동원위원회가 주관하고 수만 명의 인파가 모인 반탁 시위대회에서 대한민국임시정부를 우리의 정부로서 세계에 선포하는 동시에 세계 각국은 우리 정부를 정식으로 승인함을 요구한다고 재차 발표했다. 그리고 중경 임시정부 내무부장 신익희는 현재 전국 행정청 소속의 경찰 기구 및 한인 직원은 전부 본정부 지휘하에 예속케 한다는 포고문을 발표하였다. 당시 거의 유일한 무장력이었던 경찰 기구의 접수 시도는 미군정에게 '쿠데타' 처럼 비쳤다. 이어 1946년 1월 1일 하지가 김구에게 강력 경고를 하고 결국 김구는 그날 저녁 엄항섭嚴恒燮이 대신한 방송을 통해 파업 중지를 요청하는 담화를 발표했다. 이렇게 해서 1차 반탁운동은 한풀 꺾이고 만다.

한민당 지도자 송진우 암살

그런데 30일 새벽 6시경 한민당 수석총무 송진우가 원서동 자택에서 반탁을 지지하는 열혈청년 한현우韓賢宇에게 암살되는 사건이 발생했다. 미군정하에서 사실상 여당의 지위를 확보하게 된 한민당이지만 반탁을 거부하는 것은 불가능했다. 다만 그로서는 임정 세력의 정권 인수 기도를 무모하고 비현실적인 것으로 보았을 개연성이 높다. 이 점은 뒤에 설명하겠지만 이승만이 당시 취했던 입장과 유사하다.

송진우는 전라도 담양 출신으로 어려서는 한학을 배웠고 1907년 고향 인근 창평의 영학숙英學塾에 들어가 고광준·김성수 등과 함께 영어 등 신학문을 배우다가 김성수와 함께 가족들 몰래 일본으로 갔다. 세이소쿠正則 영어학교와 긴조錦城중학을 거쳐 1910년 와세다대에 입학하였으나, 그해 일제에 의해 국권이 침탈되자 충격을 받고 귀국하였다. 이듬해 다시 도일, 메이지明治대학 법과에 입학한 후 유학생친목회 총무·호남유학생 회장 등으로 항일운동을 벌인 한편, 김병로 등과 유학생회의 기원지『학지광學之光』을 펴내기도 하였다.

일본에 있으면서 최남선·장덕수·현상윤·조만식·신익희·김준연·조소앙 등과 교분을 맺었고 1913년 이승만이 도미할 때 도쿄에서 직접 만난 적도 있었다. 1915년 학교를 졸업하고 귀국하여, 이듬해 김성수가 중앙중학교를 인수하자 교장에 취임, 학생들에게 민족의식을 불어넣는데 주력하였다. 3·1운동 때는 1년 반의 옥고를 치렀고 같은해『동아일보』가 출범하자 사장에 취임해 30여 년간『동아일보』를 민족의 대변지로 키워냈다. 1940년『동아일보』가『조선일보』와 함께 일제에 의해 강제폐간되자 일제에 대한 협력을 거부 회피하여 오던 중 1945년 8월 10일 총독부로부터 정권인수 교섭을 받았으나 이를 거부하였다.

8·15광복 후 여운형 등이 주동이 된 건준과 맞서기 위해 우익세력을 규합하여, 한국민주당을 결성하고 수석총무가 되었다. 실리를 중시했던 그는 미군정에 적극 협력하면서 뒤이어 환국한 이승만 및 임시정부 지

도자들과 함께 정부수립에 힘쓰는 한편 속간된 동아일보사장에 취임하였다. 그 해 12월 28일 모스크바3상회의에서 한국의 신탁통치안이 전해지자, 반탁을 강력히 주장하는 임시정부 요인들과 견해를 달리하다가 한현우에게 암살당하였다.

그렇다면 왜 광복 초기에는 임정봉대론까지 내세웠던 송진우가 임정 세력과 갈등을 빚게 됐을까? 12월 중순 국일관에서는 술자리를 겸한 임정 요인 환영회가 한민당 사람들에 의해 열렸다. 이 자리에서 신익희가 '국내에 있던 사람은 크거나 작거나 간에 모두 친일파'라고 말하자 장덕수가 반발하며 "그렇다면 난 어김없는 숙청감이군 그래"라고 받아쳤다. 이에 신익희가 "어디 설산雪山(장덕수의 호)뿐인가"라고 맞받았다. 이를 보고 있던 송진우는 "여보 해공(신익희의 호), 표현이 좀 안됐는지 모르지만 국내에 발붙일 곳도 없이 된 임시정부를 누가 오게 하였기에 그런 큰 소리가 나오는거요"라고 말하면서 "중국에서 궁할 때 뭣을 해먹고서 살았는지 여기서는 모르고 있는 줄 알어"라고 언성을 높였다. 이 일화는 한민당과 임정 사이에 친일파 문제를 둘러싸고 어느 정도까지 감정 대립을 했는지 알 수 있다. 그리고 암살되기 전날 밤에도 우익 관련 인사들의 회의에 참석해 송진우는 반탁에는 찬성하지만 미군정과 대립을 야기하는 임정 즉각 승인론에는 찬성할 수 없다는 입장을 보였다.

가장 먼저 반탁 성명을 발표한 이승만은 그후 정세를 관망하다가 임정 세력이 반탁을 임정 즉각 승인으로 몰아가려하자 견제의 필요성을 느껴 31일 돈암장 정례 기자 회견을 통해 반탁의 입장을 분명히 하면서도 반탁이 반미로 이어지는 것을 경계하였다.

금번 시위 운동하는 것은 오직 독립완성에 있을 뿐이니 신탁이나 다른 통치라는 명목으로 국권에 손해되는 것은 결코 수수방관할 수 없는 것이다. 우리 국민이 미국 정부에 대하여 결코 오해가 없어야 할 것이니 이는 우리가 군력軍力을 두려워하거나 또 친미주의를 위함이 아니다. 다만 미 군정부가 우리를 해방한 은인이요, 군정부 당국은 절대 독립을 찬성하는 고로 신탁 문제 발생 이후 자기 정부에 대하여 반박과 공격의 공문을 보낸 것이 한두 번이 아니었다. 그런데 우리 독립의 친우를 모르고 원수로 대우하면 이는 도리어 독립을 저해하는 것이다.

이는 사실상 김구에 대한 견제에 다름 아니다.

이승만과 김구의 파워게임

1월 들어 반탁운동이 한풀 꺾이자 각 정파들은 다시 파워게임에 들어갔다. 이 때 정국의 핵심 주도인물은 이승만과 김구 그리고 미군정의 하지였다. 흥미로운 것은 이승만의 조직기반인 독촉의 경우 좌파와 임정을 포섭하는데 실패함으로써 치명적 타격을 입었고 김구의 임정 또한 반탁 과정에서 미군정과 과도한 대립으로 동력을 상실하고 있었다는 점이다. 대신 이승만은 미군정의 신뢰를 계속 받은 반면 김구는 국민적 지지라는 힘을 갖고 있었다.

일단 김구의 임정은 비상정치회의를 추진했다. 김구는 1월 4일 비상정치회의 소집을 발표하면서 3단계 정부 수립방안을 분명히 했다. 일단 이승만 등을 끌어들여 임정을 확대한 다음 비상정치회의를 구성하는 것이다. 이어 과도정권을 만들어 국민대표대회를 연 다음 여기서 정식 정부를 수립하자는 것이다. 철저하게 임정 위주의 방안이었다.

이런 가운데 정부 수립을 논의할 미소공동위원회 예비회담에 참석할 소련대표가 1월 15일 서울에 들어오고 16일부터 회담이 시작됐다. 상황은 보다 급박하게 돌아가고 있었다. 임정측은 1월 20일 18개 단체로 구성된 비상정치회의 주비회(회장 안재홍)를 만들어 상황을 주도하려 했지만 이승만과 한민당은 거기에 참여하지 않았다. 결국 비상정치회의는 이렇게 되면 반쪽짜리에 불과했다.

한편 병에 걸려 상당 기간 돈암장에 칩거하고 있던 이승만이 침묵을 깬 것은 소련대표가 서울에 들어오던 1월 15일이었다. 이승만은 독촉을 기반으로 비상정치회의를 흡수하는 안을 내놓았다. 이렇게 만든 조직을 이승만과 김구가 주도하면 양자의 통합은 가능하고 그 기구로써 군정고문역할을 하게 한 다음 주요국가들의 승인을 받아내면 소련의 신탁통치 구상은 막아낼 수 있다는 것이었다. 임정의 안보다 모든 면에서 앞서 있었다.

이승만과 김구가 원칙적 합의를 보자 독촉은 독촉대로, 비상정치회의는 주비회를 중심으로 통합문제에 대한 갑론을박을 벌였다. 결국 1월 23일 비상정치회의를 비상국민회의로 명칭을 바꾸고 이승만과 독촉이 비상국민회의에 합류하되 영수는 이승만과 김구가 맡기로 했다. 이 과정에서 임정 내 좌파들은 탈퇴해버렸다. 외형적으로는 김구쪽이 이긴 것 같지만 총재를 이승만이 맡기로 했기 때문에 내용적으로는 이승만의 승리였다. 좌파뿐만 아니라 우파의 김성숙·장건상 등도 통합과정의 비민주성을 들어 비난했지만 비상국민회의는 61개 단체를 망라해 2월 1일 정식 발족했다. 지도부에는 이승만·김구·김규식·오세창·김창숙·조만식·홍명희·권동진 등이 선출됐다. 일단은 우익 대부분이 참여한 연합체가 만들어진 것이다. 이 과정에서 이미 임정의 정통성은 상당히 훼손됐고 이승만은 그만큼 정통성 문제에서 자유롭게 처신할 수 있는 공간을 확보한 셈이 되었다.

이를 바탕으로 비상국민회의는 과도정권 수립을 위한 최고정무위원을 두기로 했는데 인원수와 선정은 이승만과 김구에게 일임했다. 그리고 두 사람은 2월 13일 최고정무위원 28명의 명단을 전격 발표했다. 여기에는 이승만·김구를 비롯한 임정계와 한국민주당·신한민족당·국민당 등이 포함됐고 인민당의 여운형·백상규·황진남도 들어 있었다. 그런데 바로 다음날 최고정무위원은 말 그대로 미군정성의 자문기관인 '남조선 대한국민대표 민주의원'으로 탈바꿈하게 된다. 민주의원 의장은 이승만, 부의장은 김규식이었으며 김구는 국무총리였다. 이에 놀란 여운형의 인민당은 곧바로 민주의원에서 탈퇴해버린다. 그러나 진짜 정치적 패자는 김구였다. 망명정부를 자임했던 임정이 하루 아침에 미군정의 자문기관으로 전락했기 때문이다.

협력하고 갈등하는 이승만과 하지

이승만과 미군정의 관계는 이승만이 정말 친미주의자, 나아가 미국의 앞잡이였는가 라는 문제를 해명하는 결정적인 부분이다. 결론부터 말하자면 단연코 그렇지 않다. 이승만이 미국을 우리의 모델로 삼고 미국의 도움을 얻고자 한 것은 사실이지만 그것과 미국의 이익을 위해 꼭두각시 노릇을 하는 것은 전혀 별개다. 오히려 이승만의 친미 노선은 모두 우리의 국익을 위한 것이었다. 그가 우리의 국익에 반한다고 판단할 경우 미국과의 갈등도 불사한 사례가 수없이 많은 데서도 이 점을 확인할 수 있다.

이승만과 미군정의 관계는 곧 이승만과 하지의 관계이다. 1945년 10월 귀국한 때부터 반탁운동이 본격화되기까지 두 사람의 관계는 비교적 우호적이었다. 물론 거기에는 앞서 본대로 이승만에게 호의를 베풀라는 맥아더 장군의 요청도 있었다. 그러나 소련과 협력을 중시하고 좌우 세력 모두에 대해 균형적 입장을 취할 것을 요구하는 미 국무성의 지시에 따르지 않을 수 없었던 하지에게 이승만은 시간이 흐를수록 거추장스러운 존재였다.

이승만과 하지의 갈등 관계를 설명하는 두 축은 반탁과 미소공동위원회이다. 이승만의 확고한 반탁 원칙은 아무래도 하지에게는 부담이 되었고, 미소공동위원회를 성공적으로 이끌어야 하는 하지는 명확 반공의 입장을 갖고 있던 이승만에게 부담이었다. 따라서 두 사람의 갈등은 불가피한 것이었다.

하지가 이승만에게 취한 첫 번째 조치는 이승만을 민주의원 의장직에서 사임시킨 것이다. 여러 차례의 예비회담 끝에 1946년 3월 20일 덕수궁 석조전에서는 한국의 신탁 문제를 다룰 미소공동위원회가 개최됐다.

그러나 이미 그 전에 이승만은 표면상 건강상의 이유로, 사실은 소련과의 협상에 이승만이 걸림돌로 작용할 것을 우려한 하지의 압력으로 민주의원 의장직에서 물러나 있는 상태였다. 그는 25일 돈암장 기자회견을 통해 하지의 압력에 굴복할 수 없음을 명백히 했다.

민주의원은 처음에는 신탁을 반대하다가 지금은 합작한다고 비평하는 말이 있다하나 이것은 사실과 위반되는 말이다. 민주의원은 자초自初로 신탁을 반대하여 왔고 지금도 반대하는 것이다

1차 미소공위는 우여 곡절 끝에 5월 6일 결렬되고 말았다.

이승만의 '남조선 순행'

미소공위가 진행된 4월 15일부터 5월 초까지 이승만은 지방 순회여행을 떠났다. 이승만이 서울에 있다는 것 자체가 미소공위에 부정적 영향을 미칠 것을 우려한 하지의 강압적 권유에 의한 것이었다. 그러나 애당초 명망을 갖춘 이승만이 '독촉'이라는 자신의 전위 조직을 구성하고 난 다음 전국 유세를 떠났다는 것은 명망, 조직에 이어 대중의 지지라는 '파워 3박자'를 치밀하게 만들어갔다는 점에서 대단히 중요한 대목이다. 동시에 대중의 지지는 그가 하지와 맞설 수 있는 거의 유일한 버팀목이나 다름 없었다. 사태의 불리를 유리로 바꿔내는 이승만 특유의 정술이 극적으로 드러나는 대목이기도 하다.

이승만은 '현장의 감感을' 발로 뛰어 확인함으로써 새로운 구상을 하게 된다. 이승만은 영남 유세를 마치고 호남 유세를 시작하려 하는데 5월 6일 미소공위 무기 휴회라는 사실상의 결렬 소식을 듣게 되고 5월 10일 서울로 올라와 김구와 함께 하지를 요담하고 다음날인 11일 민주의원에서 상당히 중대한 발언을 하게 된다.

…… 자율적 정부 수립에 대한 민성民聲이 높은 모양이며 나도 이점에 대하여는 생각한 적은 있으나 발표는 아직 못하겠다 …… 지방을 순외한 소감을 말하면 희망 이상의 민족사상 통일이 되어 있으며 하루라도 빨리 정부가 수립되기를 갈망하고 있음을 힘차게 생각하였다.

그가 지방을 돌아다니면서 한 연설의 내용은 주로 반공이다.

이론상으로 공산주의는 그럴듯하다. 만일 이 주의를 전달하는 사람들이 이 주의를 전하는 대로 실천한다면 나도 그들을 존경할 것이다 …… 그들은 세계 사람들에게 각각 그들의 정부를 파괴시키고 나라를 크레믈린의 독재하에 넣도록 훈련시키고 있다 …… 당신의 동생일지라도 공산주의의 훈련을 과학적으로 받았다면 이제는 당신의 동생이 아니다. 그 동생은 소련을 자신의 조국이라 부르며 …… 동포들을 소련에 넘겨주려 할 것이다. 그러면 드디어는 당신의 나라는 소련의 위성국이 되는 것이다.

이 같은 내용의 연설이 일반 국민들에게 먹혀 들어가는 것을 정치가 이승만은 파악했을 것이며 그가 말한 민족사상 통일이란 다름 아닌 반공에 대한 국민적 합의를 어느 정도 확인하게 되었다는 뜻이다. 여기서 자율적 정부 수립이란 다름 아닌 남한만의 단독정부 수립이다. 이 같은 단정單政구상이 명확하게 언명되는 것은 이승만이 연기했던 호남 유세에 나서 6월 4일 정읍의 강연회에서 연설할 때였다.

이제 우리는 무기 휴회된 공위共委가 재개될 기색도 보이지 않으며 통일 정부를 고대하나 여의케 되지 않으니 우리는 남방만이라도 임시정부 혹은 위원회 같은 것을 조직하여 38이북에서 소련이 철퇴하도록 세계 공론에 호소하여야 될 것이니 여러분도 결심하여야 될 것이다.

이 발언은 사실상 국내의 모든 정파들은 말할 것도 없고 모스크바 협정의 준수를 고수하던 하지에게도 폭탄이었다. 김구의 한독당韓獨黨과 좌익 연합 세력인 민전民戰(남조선 민주민족전선)은 즉각 남북 분열과 정권욕에서 나온 책동이라는 비난 성명을 발표했다. 반면 한민당은 이승만을 지지하는 성명을 냈다.

김구는 단정 노선에 적극 반발했음에도 불구하고 정국이 좌우 대립으로 진행되면서 엉거주춤한 입장에 빠지고 만다. 그 대표적인 경우가 이승만의 독촉과 김구의 신탁통치반대국민총동원위원회의 통합이다. 이렇게 해서 발족된 대한독립촉성국민회는 이승만이 귀경한 직후인 6월 10일과 11일 전국대회를 개최하는데 이 자리에서 이승만은 명실상 부한 총재에 오르며 우파의 실질적 지도자로 부상했다. 그런데 이승만에게 새로운 도전은 뜻밖에도 미국과 하지로부터 생겨나고 있었다.

미국과 하지가 추진한 좌우 합작

올리버가 1946년 6월 2일 이승만의 요청으로 한국에 왔을 때 하지는 그에게 이렇게 말했다.

이승만 씨는 한국에서 가장 위대한 정치가입니다. 그러나 그의 그치지 않는 반소反蘇운동 때문에 미국이 장차 한국에서 후원 설립할 어떤 정부에도 이승만 씨는 결코 참여할 수 없을 것입니다.

1946년 당시 하지의 반이승만 감정이 어떠했는지를 알 수 있는 언명이다.

만일 1946년 상반기에 이승만이 미국의 의도대로 움직였다면 그는 쉬운 길을 통해 정권을 잡을 수 있었을 것이다. 그러나 그는 자신의 신념에 따른 길을 걸었다. 공산주의와의 타협은 애당초 '기독교 민주주의'인 그로서는 결코 받아들일 수 없는 길이었다.

이승만이 독촉국민회 전국대회에서 최고지도자로 선출된 6월 11일 러치 군정장관은 남한 단독정부 수립을 반대한다는 입장을 발표했다. 이어 6월 14일에는 김규식과 여운형이 좌우합작회담을 개시한다고 발표했다. 미군정은 자신들의 구상을 순순히 따르지 않는 이승만 대신 김규식과 여운형의 좌우합작을 밀기로 하고서 이승만이 장악하고 있던 남조선 민주의원을 대체할 남조선 입법기구 설립을 추진한다. 이같은 움직임은 이미 미소공위가 결렬된 5월부터 구체화되기 시작했다.

이승만은 모든 것을 걸어야 했다. 이승만은 독촉 국민회를 기반으로 6월 29일 민족통일총본부를 발족시켰다. 부총재 김구의 동의마저 얻지 못해 좌익으로부터 민족 분열 총본부라는 비아냥의 대상이 됐지만 일단 이승만은 물리력 동원 준비를 마쳤다. 이 무렵 하지는 이승만의 친구인 굿펠로우에게 다음과 같은 편지를 보냈다.

이승만의 반소 캠페인을 단속해야만 했다. 이 늙은이는 단정 수립을 원하며 소련을 구축해야 한다는 취지로 너무나 많은 불행한 말을 떠들고 다닌다.

이승만은 이승만대로, 하지는 하지대로 오해와 불신을 더해가면서 두 사람은 점점 돌아올 수 없는 다리를 건너고 있었다. 이승만이 장악하고 있던 민주의원을 대체할 입법기구 설치가 가시화되자 이승만은 7월 3일 기자회견을 열고 하지중장에 대한 일체의 협조를 포기하겠다고 선포했다. 분위기는 점점 더 험악해지고 있었다. 8월 24일 과도입법위원 창설을 위한 법령이 통과돼 입법기구 설치는 가시화됐고 9월 12일에는 이승만이 돈화문 앞에서 피격당하는 일이 발생했다. 10월 1일에는 대구폭동이 발생해 3,700명이 체포되고 16명이 사형당했다.

권력은 미군정이 쥐고 있었다. 10월 7일 좌우합작 7원칙이 발표됐다. 같은날 이승만은 하지의 위세에 눌려 좌우합작에 당분간 침묵을 지키겠다는 담화를 발표했다. 11월초 민선 입법의원이 출범했고 의장에는 좌우합작의 한 축이던 김규식이 뽑혔다. 힘싸움에서 하지의 미군정을 이기기 힘들다고 판단한 이승만은 특유의 승부수를 던진다.

운명을 건 도미 외교

거대한 벽에 봉착한 이승만은 직접 미국으로 건너가 조야를 비롯한 여론 주도층에 한국의 실정을 이야기하고 지원을 얻어내기로 결심한다. 하지가 통치하는 한국에서는 어떻게 해 볼 도리가 없었기 때문이다. 이승만의 목표는 분명했다. 단독정부 수립을 위해 걸림돌이 되는 미소공위의 폐기였다. 그 때문에 하지와도 극한의 갈등을 겪었다.

이승만의 도미 결정은 대한민국이라는 나라의 탄생에 결정적인 순간이다. 미국 구상대로의 나라가 아니라 이승만 구상대로의 나라가 탄생하게 되는 기점이 되기 때문이다. 이승만의 도미결정은 하지와 정면대결을 선언하는 것이고 자신의 힘으로 '기독교 민주국가' 건설에 나서는 대장정의 첫 걸음이었다.

미국으로 가는 것도 쉽지 않았다. 그가 도미 결심을 밝힌 것은 11월 22일인데 그가 한국을 떠나게 되는 것은 12월 4일이었다. 여기에는 하지와 미국무성의 방해가 있었음은 물론이다. 그러나 도쿄에 있던 맥아더의 도움을 얻어 12월 8일 미국에 도착하게 되었다. 도미중 도쿄에 들른 이승만은 맥아더와도 만나 의견을 나눴다. 사실 미국에 간다고 해서 뾰족한 수가 있는 것은 아니었다. 미국무성이야말로 철저한 반이승만이었기 때문이다. 하지의 반이승만도 미국무성의 지시에 따른 것이다.

1946년 12월 8일 미국에 도착한 이승만은 워싱턴의 칼튼호텔에 여장을 풀고 측근 인사들을 불러 모았다. 스태거스 변호사, 제롬 윌리엄스 기자, 굿펠로우 미군정 정치고문, 올리버 박사·임영신任永信·임병직 등이 그들이다. 이들은 한결같이 이승만이 미국서 독립운동을 하던 시절부터 그를 도왔던 사람들이다.

이승만은 이들과 협의를 거쳐 미 국무부에 전달할 건의서를 작성했고 성명서를 발표했다.

조선인의 독립 요망은 즉시 청취되어야 하며 만약 그렇지 않으면 전쟁이 일어날 것이다. 조선인의 인내는 최후 단계에 달하고 있으며 조선인의 정당한 요구는 즉시 용허容許되어야 할 것이다. 즉 자유롭고도 민주주의적인 조선의 탄생이야말로 극동의 평화를 의미하는 것이며 그렇지 않은 경우에는 전세계에서 회피하고자 하는 신전쟁新戰爭이 야기될 것이다.

이승만은 다른 한편 트루만 대통령 및 폴 헨리 스파크 유엔총회 의장의 면담을 시도했다. 미 국무부의 반이승만 기류는 일제 때와 마찬가지로 여전했으며 스파크와의 면담도 미 국무부로 추정되는 강력한 세력에 의해 좌절됐다.

이승만은 접촉 방향을 의회와 언론으로 돌렸다. 이는 독립운동 당시에도 그가 활용했던 익숙한 방법이기도 했다. 그래서 의회에서는 윌리엄 놀랜드·로버트 태프트·아더 반덴버그·존 스파크만 의원 등이 이승만에게 호의를 베풀었고 언론에서는 제롬 윌리엄스를 비롯, AP통신의

존 하이타워, 시그리드 안, UP통신의 스튜어트 헨슬리, 뉴스위크의 해
롤드 아이작 기자 등이 그를 지지하는 기사를 써주었다.

이승만의 입장은 초지일관이었다. 미국은 더 이상 소련을 비롯한 공
산주의를 이롭게 하는 정책을 계속해서는 안 되며 한국의 조속한 독립
만이 미국의 이익에도 부합된다는 것이었다. 그리고 이승만은 하지와
미 군정의 대한정책이 용공적이며 실정을 거듭하고 있다고 비난하고 미
국무부에 대해서도 "미 국무부 내의 일부 분자는 조선에 독립을 수여한
다는 미국의 언약 실천을 방해하고 있는 것 같다"고 공격했다.

당시 미 국무부 내에는 존 힐드링 국무차관보처럼 이승만에게 호의적
인 인물도 있었다. 그에 대해 이승만은 "한국에 관해서 마땅히 해야 할
일이 무엇인가에 대한 그의 견해는 나의 생각과 매우 비슷하였다"고 평
하고 있다. 그러나 극동국장 빈센트는 반이승만이었으며 소련과 협상을
중시하는 입장이었다.

원래부터 이승만을 부정적으로 생각했던 미 국무부는 1946년 10월
아놀드 군정 장관의 '김구는 완전히 방향 감각을 잃었고, 이승만은 강력
하나 완전히 이기적인 목적을 추구하고 있다'는 보고나, 12월에는 하지
의 '이승만은 모든 것을 비현실적인 방법으로 처리하기를 바라고 남한에
단독 정부를 세워 이끌기를 원하는 골칫덩어리'라는 보고를 받고 이승만
에 대해 더욱 거리를 둘 수밖에 없었다.

그러나 세계정세가 바뀌고 있었다. 이승만에게는 천운天運이 따라주
었다. 이 무렵 트루만 대통령은 소련의 팽창주의에 대해 우려하며 루스
벨트 이래 계속돼 온 대소 온건론을 전면 재검토하기 시작했고 이에 따

라 대소 유화론자 번즈 국무장관의 교체도 시시각각 다가오고 있었다.

이 무렵 국내의 사정은 어떠했던가. 하지는 1947년 1월 11일 미소공동위원회의 재개를 강력히 시사하는 미소 간의 서한 내용을 공개했다. 특히 소련의 서한에는 공동위원회와 협의하기 위해 초청받은 각 정당 및 사회단체는, 적극적으로 모스크바 결정의 반대를 주장하는 데 동의한 대표자들을 임명하지 말라는 주장이 들어 있었고, 미소공위 재개의 시사示唆는 미국측이 이를 받아들일 용의가 있다는 식으로도 해석이 가능한 것이었다. 이는 곧 이승만과 김구를 배제하겠다는 것이었다. 이날 하지는 이와 관련해 반탁투쟁을 한 정당 단체에게 모스크바 결의를 지지 서명케 하여 이들 정당 단체가 공위와의 협의 참가가 허용된 후에는 모스크바 결의에 반대하는 것을 금하도록 하자는 수정안을 내놓았다.

이에 따라 한동안 잠잠했던 반탁운동이 다시 고개를 들기 시작했다. 이 운동은 미국의 이승만과 국내의 김구가 주도했다. 그런데 김구는 3월 초 다시 한 번 반탁운동을 '정부접수 기도'로 연결시키려다가 미군정에 발각돼 실패를 겪게 된다. 이승만과 경쟁의식에서 나온 무리수였다. 이로써 현실 정치에서 김구의 영향력은 급속도로 줄어들고 만다. 여기에는 한독당의 내분, 한민당과 통합 실패 등도 크게 작용했다.

이런 차에 3월 12일 상하의원에서 트루만 대통령의 연설이 있었다.

의회가 지중해 지역에서 공산주의 침투에 방어선 역할을 하고 있는 그리스·터키 양국에 4억 달러의 차관을 부여할 것과 미국이 군사고문을 양국에 파견할 것을 승인해주기를 바란다.

냉전의 시작을 알리는 '트루먼 독트린'이 발표되었다. 트루먼 독트린은 한국 문제에 관한 한 결과적으로 이승만이 일관되게 주장해오던 반공反共 – 반소反蘇노선을 인정하는 셈이었다. 아더 반덴버그 상원의원은 그리스·터키에 대한 원조안이 한국 문제 해결을 위한 선례가 될 것이라며 이승만을 지지하는 입장을 밝히기도 했다. 그러나 트루먼 독트린이 즉각 한국 정치에 영향을 주지는 않았다. 미·소공위는 계속 추진돼 마샬 미 국무장관과 몰로토프 소련 외무장관 사이에 교섭이 진행됐고, 5월 21일에는 서울 덕수궁에서 2차 공위가 열릴 정도였다.

여기서 우리는 다시 한 번 이승만의 정치적 운運에 대해 생각해볼 필요가 있다. 그는 미국에서 독립운동을 할 때도 여러 차례 위기를 겪었다. 그 중 대표적인 것이 1910년대 말 임정 초대 대통령 추대와 1940년대 초 『Japan Inside Out』 발간에 이어진 태평양전쟁의 발발이다. 1910년대 말에는 하와이 교민단체의 내분이 극에 달해 이승만도 상당한 비판을 받고 있었다. 그리고 독립운동의 열기마저 식어 할 일이 없었다. 이런 시점에서 1919년 3월 1일 국내에서 3·1운동이 터졌고 그 후 국내외 각지에서 생겨난 임시정부들에서 총리나 수반급 지도자로 추대돼 교민 사회에서 잃어가던 명망을 되살렸던 것이다. 그것은 다분히 '운運'의 작용도 크게 있었다고 보지 않고서는 설명하기 곤란한 대목이다.

1930년대에도 독립운동의 열기가 가라앉고 이승만의 외교 노선도 별다른 성공을 거두지 못한 상태에서 그의 사조직인 '하와이 동지회'마저 그를 비판하는 소리가 높아간 적이 있다. 그래서 궁여지책으로 생각해낸 것이 회고록 비슷한 독립운동사의 집필이었고, 이를 위해 미국 본토로 건너갔다가 상황이 바뀐 것을 보고 쓴 책이 『Japan Inside Out』이다. 이 책으로 인해 그의 성가는 다시금 올라갔고 그 후 전쟁이 발발하면서 그의 정치 생명은 지속 차원을 넘어 더욱 강화됐던 것이다.

트루먼 독트린의 발표 시기가 이승만의 체미滯美 중에 이루어진 것도 이승만의 운運이라고 밖에 달리 설명할 길이 없다. 물론 그 전제 조건으로 이승만이 자신의 일관된 노선을 견지했다는 것이 지적돼야 한다. 그러나 이를 무조건 이승만의 예견 능력으로 파악하는 일부 학자들의 시각은 지나치게 그를 미화한다는 혐의를 면하기 어려울 것이다.

직접 거둔 성과는 아니지만 결과적으로 이승만의 4개월 도미는 우연의 일치로 인해 트루먼 독트린이라는 성과를 그에게 가져다주었다. 그리고 자신이 1년 전 공표했던 단정單政노선에 그보다 더 큰 힘을 실어줄 수 있는 계기는 없었다.

사실 이승만은 김구가 '제2의 쿠데타'를 추진한 3월 초부터 귀국을 추진했다. 미 국무부측의 방해로 한 달 이상 귀국이 지연됐고 결과적으로는 미국에 있을 때 트루먼 독트린이 발표됨으로써 '외견상' 마치 이승만의 작용이 미쳐 그런 독트린이 나올 수 있었던 것처럼 됐다.

천신만고 끝에 귀국 허가를 받아낸 이승만은 4월 5일 미니애폴리스를 출발해 도쿄에 들러 맥아더를 만나고, 다시 '국빈國賓'으로 상하이를 거쳐 난징에 들러 장제스와 회담한 다음 그가 제공한 특별군용기 자강호自强號를 타고 4월 21일 광복군 총사령관 이청천을 대동한 채 김포에 도착했다.

천군만마千軍輓馬를 얻은 것이나 다름없던 이승만은 귀국 직후 특유의 과장과 선동성을 섞어 다음과 같은 내용의 성명을 발표했다.

트루먼 대통령이 한국에 민주정체 건설을 절대 지지하며, 국무성 당국 모 씨는 한국에 총선거로 독립정부를 수립함에 찬성이고, 중국은 장#주석 이하 정부 당국과 민중 여론이 다 동일히 만강滿腔의 열정을 표하며, 맥아더 장군은 나와의 2시간 동안 담화에 한인韓人들이 자치, 자주할능력이 있는 것과 권리 사용의 필요는 누구나 인정치 않을 사람이 없다고 말하였습니다.

1946년 12월 초 궁지에 몰려 떠날 때와는 전혀 달라진 것이다. 이런 천지개벽의 최대 피해자는 하지와 김구였다. 4월 27일 열린 귀국 환영대회에서 이승만은 김구에게는 임정법통론을, 하지와 김규식에게는 좌우합작론을 포기할 것을 종용하면서 '나와 같이 보조'를 취해야 할 것이라고 목소리를 높였다. 실은 이 때를 계기로 김구와 김규식은 반反이승만을 위한 공동보조의 필요를 본격적으로 느끼기 시작했다고 할 수 있다.

미소공동위원회의 좌초로 주도권을 쥐다

이승만이 성공적인 도미 외교를 하고 돌아왔지만 그것이 곧바로 국내에서 입지 강화로 이어질 수는 없었다. 미국은 여전히 미소공동위원회를 추진하고 있었고, 하지의 태도 또한 이승만에 대해 완강하게 부정적이었다. 신탁통치 문제와 건국의 관계를 둘러싸고 당시 정치지도자들은 첨예한 대립을 하고 있었기 때문에 이런 싸움 공간에서도 이승만은 나름의 입지를 마련해야 했다.

그 무렵 각 정파별로 신탁과 건국의 관계에 대한 입장을 간단히 정리해보면 김규식과 여운형의 좌우 합작 노선은 장차 독립국가를 세운다는 전제로 일정 기간 신탁통치도 감수할 수 있다는 입장이었다. 당시 미소라는 '힘'의 존재를 그대로 수용했다는 점에서 이 노선은 분명 현실적이라는 평가를 내릴 수 있다. 그러나 남북 간의 좌우 합작이 아닌 남한 내부의 좌우 합작이 과연 통일국가 건설로 이어질 수 있었는지 문제와 함께 민족의 자주성을 크게 훼손하는 치명적인 한계가 있다.

김구는 두 차례의 '정권 인수 시도'가 보여주듯 반탁 = 건국으로 직결시키려 한 입장으로 민족주의라는 원론에서는 긍정적 평가를 받을 수 있지만, 미군정이라는 현실적 힘을 부정한 데서 출발했기 때문에 번번이 실패로 이어지는 문제점을 노출시켰다. 이 과정에서 김구는 정치력을 크게 훼손당했다.

이승만은 신탁통치를 거부하고 우선 남조선만이라도 임시 과도정부를 세우고 장기적으로 통일 정권을 향해 나아가야 한다는 입장을 갖고 있었다. 이 입장은 당시 이승만이 내세운 것처럼 '자율적 정부 수립'이라해서 민족의 자존심도 지키고 현실성도 갖춘 길이기는 하지만 목전에 닥친 분단 상황을 타개하려는 노력을 쉽게 포기한 채 오히려 그것에 편승하려 한다는 비판을 받아야 했다.

미국에서 돌아온 이승만은 남한만의 정부 수립을 위한 작업에 적극 나섰다. 그의 구상은 우선 미군정과 합작해 보통선거법을 제정, 총선거를 통해 과도 정부를 수립하고 이 정부를 유엔에 참가시켜 남북통일을 촉진시켜가야 한다는 것이었다. 결국 대한민국은 이 경로를 거쳐 건국에 이르게 된다.

당장 이승만에게 최대의 걸림돌은 1947년 5월 21일부터 재개된 미소공동위원회였다. 제1차 때와는 달리 제2차 미소공위는 비교적 순조롭게 진행돼 6월 25일 서울에서 남조선 정당 및 사회단체와 합동 회의를 갖는 데 성공했다. 6월 30일부터 7월 3일까지는 평양에서 본회의를 개최하고 북조선 정당 및 사회단체와의 합동 회의도 가졌다.

그럼에도 불구하고 미소공위를 보는 이승만의 시각은 지극히 부정적이었다. 우선 그는 공산주의와의 협상이란 근본적으로 불가능하다는 신념을 갖고 있었고 동시에 미소공위가 성공할 경우 그로서는 치명적이라는 정치적 동기도 배경에 깔려 있었다. 우익의 여타 정파들이 앞다퉈 미소공위에 참여코자 할 때에도 이승만은 김구와 함께 공위 참가를 단호히 거부했다. 이승만이 6월 2일 성명을 통해 밝힌 입장을 보면 이미 그는 자신의 길을 가기로 결심했음을 알 수 있다.

미국 사람들이 쿠바나 비율빈(필리핀)을 독립시켜 주었다고 자랑하지만 우리는 비율빈 사람이 아니고 4천 년 역사를 가진 조선 사람이다. 나는 미소공위에서 우리 의견에 맞지 않는 정부를 수립하는 것보다는 총선거를 통하여 자율 독립 정부를 수립하는 것을 주장하는 것이다. 총과 폭탄이 나의 육체는 꺾을 수 있겠으나 나의 정신과 주장은 꺾지 못할 것이다.

그가 이처럼 격한 성명을 발표한 데는 그만한 배경이 있다. 하지는 미소공위가 재개되는 시점에 맞춰 5월부터 7월까지 사실상 외부 활동을 강제적으로 중단시켰다. 올리버 박사는 당시 상황을 이렇게 밝히고 있다.

이 박사는 사실상 연금 상태에 놓이게 되었고 그와 같은 상태는 봄과 여름에 걸쳐 계속되었다. 그의 전화는 철거되었다. 헌병이 배치되어 24시간 근무로 그를 지켰다. 모든 그의 발수신 우편물은 엄격히 검열 되었다 …… 그의 주간 라디오 담화와 한국민에 접근하는 모든 수단이 일 시 중단되었다.

실제로 이승만은 이 기간 동안 단편적인 성명 두세 건 정도를 발표한 것 외에는 별다른 대외 활동을 벌인 기록이 없다. 그래서 올리버조차 편지를 통해 이승만에게 군정에 협력하는 것이 좋겠다고 충고했다. 그러나 미소공위 불참이라는 이승만과 김구의 입장에 모든 반탁 진영이 참가한 것은 아니다. 이승만의 측근 조직인 민족통일 총본부와 전국학생 총연맹, 김구의 한독당 일부 등이 이승만을 지지해 6월 23일 서울 데모를 시발로 해서 전국 각지에서 반탁 및 이승만·김구 지지 시위를 벌였지만 오히려 한민당을 비롯한 대부분의 우익 단체들은 공위에 참가했다.

해방 정국에서 한민당의 움직임은 언제나 권력이 있는 곳을 찾아다녔다는 점에서 당시 권력 소재를 파악하는 바로미터로 볼 수 있다. 다시 말해 이승만 노선이 승리할 가능성이 없다고 판단한 한민당은 송진우 암살 이후 밀착했던 이승만과 다시 거리를 두게 되는 것이다.

참가, 불참가는 각 단체가 개인의 자유의사로 결정할 문제이다. 회의에 참가하여 신탁을 반대할 수 있다는 말을 해석하기 곤란하다. 설령 자타를 속이고 공위에 참가하더라도 반대할 기회를 허락치 않을 것이다.

이승만은 사실상 우익 진영의 불참가를 촉구한 바 있다. 그럼에도 한민당이 공위 참가를 결정하자 왜놈들 같으면 자신의 말이 무슨 말인지 알아들었을 거라며 측근들에게 한민당에 대한 섭섭한 감정을 토로했다.

이런 가운데 공위는 평행선을 긋는 논쟁을 벌이다가 결국 8월 20일 제54차 본회의에 소련측 대표가 참가를 거부함으로써 3개월 만에 결렬되고 만다. 이렇게 해서 2년 가까이 끌던 해방 정국의 정치 싸움에서 이승만은 사실상 최종적인 승리를 거두게 된다.

그 사이에도 몇 가지 사건이 있었다. 우선 7월 19일 좌파의 지도자 여운형이 혜화동에서 차를 타고 가다가 백주 대로에서 암살당하는 사건이 발생했다. 그러나 그 배후는 밝혀지지 않고 미궁에 빠지고 말았다. 최근 연구는 공산당 소행으로 추정하였다.

이 시기는 미군정이 남한 단독정부의 불가피성을 인정하고 공위 추진과는 별도로 단계 단계 정지 작업을 펼친 시기이기도 했다. 5월 14일 군정청의 한국인 기관을 남조선 과도정부로 개칭하고 행정권을 대폭 이양했으며 6월 27일에는 입법의원을 통해 보통선거법안을 통과시켰다. 결과적으로는 이승만이 예전부터 주창한 절차를 밟는 것이었다.

하지로서는 뭔가 새로운 돌파구가 필요했다. 미소공위가 결렬될 경우 이승만의 정치 공세가 거세질 것은 불을 보듯 뻔한데 친미 성향, 이승만에 대적할 만한 명망 등을 가진 새로운 대체 인물이 있어야 했던 것이다. 하지가 볼 때 이승만은 비록 미국에 대해 우호적이긴 하지만 독자적 리더십을 내세우는 것이 아무래도 마땅치 않았기 때문이다. 이렇게 해서 선택된 인물이 서재필이었다. 우선 구한말 독립운동가에다 한때 이승만의 정신적 스승이었으며, 일제하에서도 미국에서 독립운동을 펼쳤고, 미국시민권을 갖고 있을 만큼 친미적인 인사였기 때문에 하지로서는 생각해 볼만한 인물이었을 것이다. 당시 이미 '서재필'은 84세의 고령이었던 데다가 국내에 정치 세력이 전무하다시피 했기 때문에 하지의 무리수였다고 밖에 볼 수 없다. 게다가 서재필은 국적이 미국이었다. 이는 하지가 그만큼 이승만을 싫어했다는 뜻임과 동시에 궁지에 몰리고 있었다는 뜻이기도 했다.

하지가 직접 미국으로 건너가 어렵사리 설득한 결과 서재필은 7월 1일 최고 의정관이란 직함으로 한국에 온다. 처음에는 아무런 욕심도 없다고 발표했다가 하지의 의중을 알고서는 기회가 허락한다면 국민을 위해 봉사하겠다며 정치에 나설 뜻이 있음을 내비치기도 했다. 이승만은 하지가 서재필을 초청했다는 말을 들었을 때 "서재필 아니라 서재필 할애비를 불러와 봐라, 되나"라며 흥분했다고 한다. 결국 서재필은 이승만을 비롯한 국내 정치 세력의 거센 반대에 부딪혀 쓸쓸하게 미국으로 돌아가고 만다.

한편 이승만은 우익 내에서 공위에 참여치 않은 세력만이라도 한 데 묶을 필요성을 느껴 7월 10일 한국민족대표자대회를 열었다. 김구 세력을 끌어들여 공위와 미군정에 대한 압력의 지렛대로 활용하는 한편 자신의 남한 단정 수립안을 구체화시키기 위한 포석이었다. 여기서 한 가지 재미있는 것은 대표의 선발 방식이었다. 독촉국민회 조직이 중심이 돼 '총선거법에 준한 투표방식'에 따라 민족대표 200여 명을 선출한 것이다. 이는 정부 수립에 앞서 예비훈련을 겸한 것으로 볼 수 있다.

이승만의 자율정부 수립론과 김구의 임정봉대론은 끝내 타협점을 찾지 못한 채 결렬되고, 9월이 되면서 이승만은 결국 공위 실패로 다시 이승만 노선으로 돌아선 한민당 세력과 손을 잡게 된다. 이렇게 해서 국내 정치 세력의 판도는 우파·좌우 합작파·좌파 등 3분돼 있던 형세가 남한 단독 정부를 추진하는 이승만·한민당 세력과 단정에 반대하는 '남북협상파' 김구·김규식의 세력으로 재편된다.

대한민국 건국의 길

UN한국임시위원단의 한국 방문

1947년 후반기 국내에서 이승만은 하지의 미군정 및 김구·김규식 등 다른 정파의 견제로 고립무원의 상태에 있기는 했지만 한국 문제를 둘러싼 국제정세는 이승만이 제시했던 구상대로 전개돼갔다. 당연히 이승만의 정치적 입지는 차츰 넓어졌다. 1947년 9월 17일 미국의 마샬 국무장관은 한국 문제를 정식으로 UN에 상정했다. 제안 내용의 골자는 미소 점령지구에 조속히 총선거를 실시하되 이를 감시할 UN위원회를 하자는 것이었다.

이 방안은 미리부터 이승만이 일관되게 밝힌 것이었고 방미 외교의 목적도 사실은 여기에 있었기 때문에 여러모로 이승만에게 유리하게 작용할 수밖에 없었다. 특히 UN위원회의 구성이 갖는 정치적 함의가 워낙

복합적이고 컸기 때문에 그것을 김구나 김규식은 정확히 파악하지 못한 반면 이승만은 그에 대한 주도면밀한 대처를 통해 국내 정치에서의 주도권을 확실하게 확보하게 되었다.

이승만이 한국 문제의 UN상정 소식을 듣고 얼마나 기뻐했는지는 그가 10월 7일자로 미국에서 로비 활동을 펼치고 있던 측근 임병직과 임영신에게 보낸 "우리 앞에 가로놓인 주요 장애물 중 가장 큰 것이 걷혔다"는 전보문을 통해 알 수 있다.

이어 11월 14일 미국이 사실상 주도한 UN에서 한국 문제는 43대 0이라는 절대적 지지를 받아 가결되었다. 그 주요 내용은 1948년 3월 31일까지 한국의 선거를 감독할 위원회를 설치한다는 것과 독립 정부가 수립된 후 7월 1일까지 미소 양국 군대를 철수한다는 것 등이었다.

이렇게 해서 중국의 후쓰저胡世澤을 사무국장으로 하는 9개국 대표로 구성된 UN한국임시위원단(UNTCOK)이 1948년 1월 8일 한국에 도착했다. UN위원단의 주된 과제는 사실상 군정을 해체하고 한국인에 의한 독립 정부를 세우는 것이었기 때문에 국민들의 환영 열기는 뜨거웠다. 그러나 정치 지도자들은 이런 정세 변화가 자신들에게 미칠 영향을 계산하며 복합적인 반응들을 나타냈다. 이승만은 당연히 절대 환영하는 입장이었다. 그는 후쓰저 사무국장이 자신과 개인적인 인연이 있다는 점까지 내세우며 환영 성명을 발표했다. 한민당의 김성수도 성명을 발표했다.

이번에는 우리 독립 문제가 꼭 해결될 것을 믿고 있습니다. 남북을 통한 총선거가 되면 물론 좋고 만일 소련이 거부하여 북에서는 선거가 시행되지 못하게 되면, 남에서만이라도 선거를 행하여 정부를 수립하여야 하겠습니다.

반면 김구는 UN위원단의 내한은 환영하지만 남한만의 단독선거는 절대 반대한다는 입장을 밝혔다. 이승만과는 같은 길을 갈 수 없음을 분명히 한 성명이었다. 마침내 이승만과 김구가 갈라서야 할 분기점에 이른 셈이었다.

김구노선과 결별

그런 차에 1월 22일 주蘇UN대표 안드레이 그로미코는 위원단의 입북을 거부한다고 공식 발표했다. 우리는 이 점을 대단히 중시할 필요가 있다. 흔히 일부 학자들은 1946년 6월 이승만의 정읍 발언을 남북 분단의 기점처럼 과대하게 강조하고 있다. 그러나 이승만은 1948년 초까지도 확고한 남한 단정론을 주장한 것이 아니라 가능하면 남북 총선거를 통해 통일된 정부를 세우고, 사정이 여의치 않으면 남한만이라도 우선 정부를 세우자는 것이었다. 이승만은 UN한국위원단이 내한했을 때 발표한 성명을 통해서도 말미에 남북을 통한 총선거 실시를 위하여 노력하여 주기를 바란다고 분명히 밝히고 있다. 오히려 실질적인 남북 분단의 정확한 기점을 잡는다면 소련에 의한 UN한국위원단의 입북 거부에 초점이 맞춰져야 할 것이다. 미소의 이해관계라는 국제적 원인이 남북 분단의 최대원인이었다는 점을 감안한다면 더욱 그렇다.

하여튼 그로미코의 위원단 입북 거부 발표는 바로 남북한 총선거가 불가능한 것임을 공식 확인해준 것이며 자연스럽게 이승만이 남한만의 단독정부 수립에 나서게 하는 분명한 명분을 제공해준 셈이 된다. 물론 이렇게 되기까지는 또 한 가지 고비가 있었다.

입북이 거부된 마당에 남북 총선거 실시를 명분으로 파견된 UN위원단의 존재 이유가 상실된 것이 아니냐는 논란이 제기되었다. 2월 4일 의장으로 선출된 인도 대표 크리슈나 메논은 5월 말경 남한에서만 일단 총선거를 실시하되 북한에 대해서는 인구 비례에 따라 의석을 공석으로 남겨두고 국회의원수는 남북 통틀어 200명으로 한다는 등의 내용을 수록한 보고서를 UN에 제출했고 18일 UN소총회에서는 가능한 지역에서만이라도 선거를 실시한다고 결의했다.

이런 가운데 단정 노선에 반대한 김구와 김규식이 손을 잡았다. 이승만과 협조·갈등을 반복하면서 그런 대로 비슷한 노선을 걸어왔던 김구와 좌우 합작 노선을 견지하며 이승만과는 처음부터 다른 길을 걸었던 김규식이 '남북 협상론'이라는 점에서 의견이 합치한 데 따른 것이다. 그러나 냉정하게 말하면 단독정부가 수립될 경우 이승만이 주도권을 장악할 것이 너무도 분명한 상황에서 나름의 탈출구를 모색하던 두 사람의 이해관계가 일치하면서 나온 타협이라고 할 수도 있을 것이다.

그런데 묘한 것은 이런 상황에서도 김구는 이승만에 대한 충성심을 지속적으로 표하고 있다는 점이다. 이 무렵 한 기자 회견에서 김구가 말했다.

우리(이승만과 김구)는 방법상으로는 차이가 있지만 근본적으로는 한가지요, 이승만 박사에 대한 나의 충성은 변함이 없소. 남산의 소나무가 색을 변해도 나 김구는 그렇지 않소.

이들 전해들은 이승만은 일언지하에 남산의 소나무가 다 죽었다며 냉담한 반응을 보였다.

우선 김구와 김규식은 3월 12일 공동 성명을 통해 남한만의 총선거에 불참한다는 입장을 공식적으로 천명했다. 그리고 대부분의 정파들도 방향을 잡지 못한 채 총선 참가와 불참 사이를 오락가락했다. 이승만의 심정은 초조해졌다. 선거를 할 경우 당선될 것이 분명한 상황에서 민족진영의 거두巨頭인 김구·김규식 두 사람이 선거에 참여하지 않을 경우 '모양'이 흐트러질 것을 우려한 데서 나온 것이다. 그래서 2주 정도 김구·김규식의 총선 불참 천명에 대해 침묵하고 있던 이승만은 3월 24일 두 사람을 비판하는 성명을 발표하였다.

이 두 분이 총선거를 반대하는 주의主意는 실로 인식하기 어려운 것이다. 그 분들이 제출한 여러 가지 이유라는 것은 분석하여 말하자면 하나도 사리에 맞지 않는 언론이다. 이것을 우리가 논박하려는 것은 아니다. 여하간 이 두 분들이 총선거를 반대하므로 심리상에 많은 장해가 되는 것은 우리가 불행으로 여긴다. 국권을 하루빨리 세워서 우리가 우리 할 일을 할 수 있게 되어야 사람도 살고 나라도 살게 될 것은 필부匹夫가 다 각오하고 기어코 총선거를 진행해서 이 기회를 잃지 말고 정부를 수립하자는 결심이며 세계 공론共論이다. 또 동일하게 귀순歸順하는 터이니 몇 사람이나 몇 단체가 반대한다고 중지될 수도 없는 것이요. 설혹 이런 장해가 있다 할지라도 대중이 이에 동요되어 40년 동안 잃었던 국권을 찾는 것을 중지할 리가 만무하니 정당이나 인도자의 세력으로도 대중의 투표를 막지 못할 것이요, 또 우리 민중은 우매한 민족이 아니므로 각각 판단력이 있어 파동을 받지 않을 것이다. 좌익 파괴 분자 외에는 기권할 사람이 몇이 안 될 줄 믿는다.

상당히 격앙된 어조의 이 성명은 이승만이 두 김에 대해 얼마나 큰 실망감을 느끼고 있는지를 극명하게 보여준다. 이 성명이 발표되기 얼마 전까지만 해도 이승만은 1947년 12월 2일 일어난 한민당 정치부장 장덕수의 암살 사건과 관련해 검찰의 조사를 받는 등 궁지에 몰렸던 김구를 옹호하는 성명까지 발표한 적이 있었지만, 총선 참가 문제로 두 사람 사이는 서로 너무나 멀어진 것이다. 말할 필요도 없이 김규식과도 멀어졌다.

4월경 김규식은 한 모임에서 감정적 어조의 연설을 통해 이승만의 남한 총선거론을 격렬하게 비난했다.

총선거만 하면 국권도 찾고 정부도 수립되고 민생 문제도 해결된다고 운운하는 자들이 있으나 …… 총선거가 끝나면 미국은 한국에 판무관을 보내어 내정 간섭을 할 것이다.

이에 맞서 이승만은 4월 6일자 성명에서 김규식을 정면 반박했다.

총선거를 반대하는 분자들이 간혹 말하기를 미국이 한국 독립정부를 수립한다 하나 실상은 고등 판무관을 두어서 전일前日 필리핀과 같이 만들 것이라 한다 하니 지금도 총선거의 목적이 무엇인지를 모르고 하는 말이다. 총선거로 한인들이 국회를 세워가지고 국권을 회복해서 강토를 찾으려는 것인데 남이 어떻게 하려고 한다는 것을 주장을 삼으면 주객의 위치를 전도함일 뿐더러 국회에 들어가는 한인들이 다 노예 성질을 가진 사람만 들어가는 것으로 의미하는 것이다. 국회를 세운 후에는 우리와 전쟁하려는 나라 이외에는 누구나 우리 국권회복에 방해하는 일은 없을 것이다.

한 달도 안 되는 사이에 서로의 호칭이 존칭에서 비어에 가까운 어투로 바뀌어 버렸다.

해방 직전 이승만이 '우리 삼총사'라고 불렀을 만큼 가까웠던 이승만·김구·김규식 세 사람의 관계는 혼미한 정국을 헤쳐 나오는 과정에서 불과 3년도 안 돼 이처럼 대립적인 길을 가게 된 것이다.

김구·김규식의 승부수, 남북협상을 위한 북한행

김구와 김규식, 두 김이 남북 협상을 추진한 것은 최소한 1948년 2월부터인 것으로 보인다. 2월 14일 이들은 UN한국위원단 중국 대표인 유어만劉馭萬씨의 초청으로 이승만과 회동한다. 이 자리에서 김규식은 남북 요인회담 추진 의사를 밝히고 이승만에게 부탁한다.

"형님은 찬성도 반대도 하지 말아 주십시오. 찬성도 반대도 모두 부

작용이 일어나리라고 봅니다."

이에 대해 이승만은 자신의 입장을 밝혔다.

"남북 요인회담에 대해서는 이때까지 내가 찬성치 않던 바이나 이 문제가 총선거에 지장이 있거나 시일을 지연시키는 폐단이 없다면 방임하겠다."

조건부 묵인 의사였던 셈이다. 물론 이때 이승만이 반대했다면 남북 요인회담 내지 남북 협상은 사실상 불가능했을 것이다. 그러나 이렇게 될 경우 이승만으로서는 시도도 해보지 않고 분단에 앞장섰다는 비난을 면키 어려웠기 때문에 명시적인 반대를 할 수는 없었다. 이 점에 대해서는 이승만도 부담스러워했던 것이 사실이다. 그래서 그는 기회가 있을 때마다 이 문제를 적극적으로 해명했다. 3월 1일 단정추진세력들의 한 행사에서 이승만은 이렇게 역설하고 있다.

남조선에 정부수립이 되면 남북 분열을 영구히 인정하는 것으로 남보이 병행할 수 없으므로 총선거는 지지할 수 없다는 말이 있으나 이것은 사리에 당치 않는 말이다. 사람의 몸에 한편이 죽어가는 경우에는 살아있는 편이라도 완전히 살려서 죽은 편을 살리기를 꾀할 것인데 다른 방책 없이 운명을 기다리고 있다면 살아 있는 편까지 마저 죽어버리자는 것은 누구나 알아들을 수 없는 말이다.

미군정의 입장도 이승만과 비슷했다. 남북 협상이 본격화되던 4월 1일 윌리엄 딘 군정 장관은 기자 회견을 통해 남북 협상에 대한 회의적 입장을 밝혔다.

(남북 협상에 대한) 나의 태도는 냉소적인 것이다. 만주와 북조선에 있는 조선인들이 그들이 천국이라고 하는 북조선을 버리고 매일 수천 명씩 남하하고 있다. 만일 남조선으로부터 하루에 몇천 명씩이라도 북조선으로 가준다면 남조선에 있는 여러분의 식량 배급도 증가될 것이다. 그러나 사실은 이와 반대로 주린 사람은 무슨 까닭인지 그들이 천국이라고 부르는 북조선을 버리고 남조선으로 오고 있다. 개인이나 단체들 물론하고 북조선에 가는 데 대하여서는 하등의 간섭도 하지 아니하겠다.

4월 2일 이승만은 다음과 같이 언급했다.

남북회담 문제는 세계에서 소정책蘇政策을 아는 사람은 다 시간 연장으로 공산화하자는 계획에 불과한 것으로 간파하고 있는데 한국 지도자 중에서 홀로 이것을 모르고 요인회담을 지금 주장한다면 대세에 몽매하다는 조소를 면키 어려울 것이다.

이런 가운데 4월 3일 제주도에서는 남로당 계열이 총선거 반대를 구실로 폭동을 일으켜 경찰과 주민 등 수많은 인명이 살상되는 비극적 사태가 일어났다. 물론 육지의 사람들은 그 실상을 정확히 알 길이 없었고 각 정파들은 각자의 노선을 추구하며 대립을 계속하였다.

이승만은 이미 3월 29일 동대문 갑구에 입후보했고, 김구는 4월 19

일 38선을 넘어 북으로 갔다. 이승만의 총선거 노선과 김구·김규식의 남북 협상 노선이 전혀 다른 길을 가는 시점이었다.

김구보다 조금 늦게 북한으로 갔던 김규식은 5월 5일 김구와 함께 서울로 돌아와 방북 성과를 과장하며 자신들의 정치적 입지를 넓히려 했으나 총선거라는 국민적 대세를 거스를 수는 없었다. 특히 두 김의 방북이 북한 정권의 정통성 확립을 위한 수단으로 이용되었다는 점은 두 사람에게 정치적으로 결정적 타격을 안기며 재기 불능 상태로 몰아갔다.

이제 이승만의 독무대였다. 여기에서 이미 이승만 독재는 이승만 자신의 의지와 상관없이 싹트기 시작했는지 모른다. 정치 지도자란 하루 아침에 생겨나는 것이 아님을 감안할 때 김구와 김규식이 무력화된 한국 정치 상황에서 이승만의 독주는 견제가 불가능할 만큼 강력했기 때문이다. 이는 우리 현대사뿐만 아니라 이승만 김구 모두에게 불행한 일이었다.

제헌의회에서 초대 국회의장으로 선출되다

5월 10일 역사적인 제헌국회 선거가 열렸다. 선거인 등록 86%에 95.5%의 투표율을 보인 선거에서 198명의 의원이 선출됐다. 동대문 갑구에 출마한 이승만도 압도적 지지를 받아 당선됐고, 31일 열린 제헌국회 개원식에서 198명이 참석한 가운데 188표를 얻어 초대 국회의장으로 선출됐다. 부의장에는 신익희·김동원金東元이 뽑혔다. 건국을 향한 본격적인 걸음을 내딛는 순간이었다. 사실 좌파들은 배제되고 우파의 김구·김

대한민국 초대정부 각료명단
호외(1948)

이승만 주재하의 첫 국무회의(1948. 8. 5)

규식마저 총선 불참을 선언한 상황에서 만일 투표율이 낮았다면 정부 수립의 과정은 순조롭지 못했을 것이다.

그러나 걸림돌이 다 사라진 것은 아니었다. 5·10 총선거를 감시한 UN한국위원단이 선거 결과와 관련해 공보公報 59호라는 발표를 통해 총선거의 정당성에 대해 의문을 제기하고 나섰다.

대표들 중에는 금번 선거의 결과가 조선 문제의 해결에 공헌하리라는 것을 의심하는 대표도 있으며, 그들이 설사 이런 의심을 갖지 않는다 하더라도 그들은 남조선에 있어서의 선거를 전국적인 것으로 인정하기를 원치 않는다. 그들은 이 용어를 약간 주저하기는 하나 금번 선거를 '결정적으로 우익적인 선거'라고 부르고자 한다.

이는 사실상 총선 결과의 효력을 유보할 수도 있다는 시사였다. 선거 결과에 만족스러워하던 이승만은 당혹스럽지 않을 수 없었다. 실제로 자신이 우려했던 바가 가장 믿었던 UN위원단으로부터 제기되었기 때문이다.

이승만의 교섭과 한민당의 규탄 성명, UN위원단 규탄 시위 등 다양한 방법을 동원한 설득과 압력을 통해 UN위원단은 마침내 6월 25일 공정한 분위기 조성 차원에서 서울이 아닌 상하이에서 5·10선거의 효력을 인정했다.

투표 결과 전全한국민의 약 3분의 2가 거주하고 있는, 위원단이 접근할 수 있는 한국 지역 내 유권자의 자유의사는 정당하게 표현됐다.

5월 31일 의장으로 선출된 이승만은 개식사를 통해 앞으로 세울 나라에 대한 자신의 구상을 피력하게 된다. 여기에는 한 가지 흥미 있는 구절이 있다.

이 민국民國은 기미년 3월 1일에 우리 13도道 대표들이 서울에 모여서 국민대회를 열고 대한 독립 민주국임을 세계에 공포하고 임시정부를 건설하여 민주주의 기초를 세운 것이다. …… 오늘 여기서 열리는 국회는 즉 국민대회의 계승이요, 이 국회에서 건설되는 정부는 즉 기미년에 서울에서 수립된 민국 임시정부의 계승이니 이 날이 29년 만의 민국의 부활임을 우리는 이에 공포하여 민국연호는 기미년에 기산起算할 것이요. ……

상해임시정부를 계승하는 것이 아니라 상해임시정부 법통을 이어받은 한성정부의 법통을 잇겠다는 이 말은 '김구=상해(그리고 중경)임시정부의 대변자'로 인식되고 있던 상황에서 그 원천으로 거슬러 올라가 자신이 집정관 총재로 선출된 바 있는 한성정부를 내세워 김구를 견제할 속셈이었다. 그것은 무리한 시도일 수밖에 없었으며 결국 국회의 반대로 시행되지 않았다.

6월 3일 국회는 헌법제정 작업에 착수했다. 30명의 의원으로 구성되는 기초위원(위원장 서상일)이 선출됐고 여기서는 법조계의 전문가 10인으로 구성된 전문위원을 선임했다. 3일 오후에 열린 기초위원회에서는 두 가지 초안草案이 준비돼 있었다. 하나는 이른바 유진오俞鎭五 안으로 유진오가 기초한 것이고, 또 하나는 유진오의 안을 토대로 과도 정부 법전 편찬위원회에서 수정 작성한 권승렬權承烈 안이었다. 그러나 둘 다 '정치적 민주주의와 경제적·사회적 민주주의와의 조화'를 내세우며 권력 구조를 내각책임제로 한다는 점에서 큰 차이는 없었다.

내각책임제는 유진오의 학문적 소신임과 동시에 장차 들어설 정부에서 여당이 될 것이 거의 확실한 한민당의 입장을 대변한 것이기도 했다. 그러나 이승만은 처음부터 대통령제를 선호했다. 라이벌들이 거의 사라진 상황에서 대통령이 될 것이 분명했다는 이유와 함께 원래 그는 미국을 정치의 사표師表로 삼았기 때문에 대통령제에 대한 그의 지지는 어쩌면 당연한 것이었다.

그래서 내각책임제로 헌법안이 거의 확정될 즈음인 6월 21일 초대국회의장 이승만은 신익희를 대동하고 기초위원회 회의장으로 가서 다음과 같은 요지의 연설을 했다.

우리가 국권을 찾기 위해 40년 동안이나 싸워온 것은 백성에게 권리를 주자는 것이며 정당에게 권리를 주어서는 정당끼리 싸우느라 나라 경영은 하기 어렵다. 만일 이 초안이 국회에서 그대로 헌법으로 통과된다면 나는 그러한 헌법 아래서는 어떠한 지위에도 임하지 않고 민간에 남아 국민운동이나 하겠다.

결국 한민당 지도부는 그날 저녁 계동 김성수 집에서 회합을 갖고 이

이승만 대통령 취임

승만이 반대하는 한 내각책임제는 어렵다는 결론을 내리고 국회의 권능을 강화한 절충식 대통령제로 하기로 합의했다. 물론 그 배후에는 설사 이승만이 대통령이 되더라도 한민당의 김성수가 국무총리가 되고 한민당 인사들이 다수 각료에 포진한다면 사실상 '내각책임제'나 다를 바 없다는 계산이 깔려 있었다. 한민당의 이런 계산은 초대 내각 구성 과정에서 이승만에게 철저히 무시되고 말았다.

대한민국 초대대통령 이승만

우여곡절 끝에 7월 12일 국호를 대한민국으로 하고 대통령제를 골자로

하는 헌법이 1948년 7월 17일 공포되고, 3일 후인 7월 20일 국회에서 정·부통령 선거가 실시되었다. 이승만의 당선은 이미 예정된 것이었다고 해도 과언이 아니다. 실제로 이승만은 180표라는 압도적 다수를 얻어 대한민국 초대 대통령으로 당선됐다. 그밖에 김구 13표, 안재홍 2표, 무효 1표였는데 무효 한 표는 미국 시민권을 가진 서재필을 찍은 것이었다.

오히려 각 정파의 관심사는 부통령과 국무총리였다. 이때 부통령은 선출직이었고 국무총리는 임명직이었다. 한민당에서는 부통령 이시영, 총리 김성수를 밀었고 독촉계에서는 부통령 이시영, 총리 신익희를 생각했으며 무소속 구락부는 부통령 김구, 총리 조소앙을 구상했다.

부통령 선출과 관련해 가장 큰 영향력을 행사할 수 있는 인물은 당연히 이승만이었다. 이승만의 이화장梨花莊에는 사람들이 대거 몰려들어 그의 의향을 확인하려고 했다. 한민당에서도 김성수·홍성하·백남훈 3인이 이미 대통령선거가 있기 전에 이승만을 방문해 대통령이야 당연히 이승만이지만 부통령은 말이 많으니 어떻게 생각하느냐고 이승만의 뜻을 타진했다.

이때 이승만은 임정과 북한의 대표성이라는 차원에서 어느 쪽을 선택해야 할 것인지를 고민했던 것 같다. 그것은 말할 것도 없이 자신의 가장 취약한 부분이기도 했기 때문이다. 그래서 이승만은 자신을 찾아온 한민당 인사들에게 부통령감으로 처음에는 임정을 대표하는 이시영이 좋겠다고 말했다가 얼마 후 조만식曹晩植이 더 좋겠다고 말하는 등 방향을 확정하지 못하고 오락가락 하는 모습을 보였다. 어쩌면 남한 단독정부론을 추진하고 끝까지 관철시킨 이승만으로서는 정치적 업보와도 같은 것이었는지 모른다.

북한이 분리돼 나갔기 때문에 그에 대한 정당성 확보도 중요하지만 그 와중에서 떨어져나간 김구로 대표되는 임정의 정통성 계승 문제 또한 그에게는 대단히 중요한 문제였기 때문이다.

여기서 이승만은 이시영을 택했다. 이시영은 환국 후 줄곧 김구와 정치적 운명을 함께 하다가 김구의 남북 협상에 반대해 한독당을 떠나 이승만을 선택한 바 있는 노老애국자로서 명망이 높았다. 이시영은 정·부통령 선거가 다가오자 김구를 찾아가 자신의 뜻을 전했다.

나는 이미 늙었으니 이李박사가 대통령이 되고, 김구가 부통령이 되고, 조소앙이 국무총리가 되어 남북통일을 이룩하면 좋겠다.

그러나 김구는 아무런 대답도 하지 않았다. 이시영은 다시 이승만을 찾아가 같은 구상을 내놓고 이승만이 직접 나서주기를 요청하였다. 그러나 이승만의 반응은 냉랭했다. 이런 반응은 이승만이 대통령에 선출되고 부통령선거 직전에 행한 기자간담회에서 극명하게 드러난다.

부통령에 김구가 나오게 되면 합작合作할 의사가 있습니까?
그것은 불가능할 것이다. 즉 김구의 태도는 아직 동포에게 알려지지 않았다. 정부는 의사가 맞는 사람이 일치단결하는 데서 공고히 되는 것이다. 대통령과 부통령이 서로 의사가 맞지 않으면 정부는 자연적으로 흔들리는 것이다. 내 생각으로서는 김구가 불원간에 태도 표명이 있을 것으로 추측된다. 김구는 정부가 수립되더라도 미국 사람이 우리 정부에 간섭할 것이라고 생각하는 모양인데 지금 우리 정부 수립에 있어서는 미국은 조금도 간섭하지 않고 있다. 사실 미국 사람이 우리 정부에 간섭한다면 자신도 그것을 반대한다.

단호한 부정 의사를 담은 내용이다. 이런 가운데 20일 오후 실시된 투표에서 1차에는 이시영 113표, 김구 65표, 조만식 10표, 오세창 5표 장택상 3표, 서상일 1표 등으로 재적 3분의 2를 얻은 후보가 하나도 없어 2차 투표를 실시했다. 그 결과 이시영 103표, 김구 62표 등으로 이시영의 당선이 확정됐다. 김구가 총선거에 불참하고 남북 협상이 실패해 정치적 타격을 입었음에도 불구하고 두 번 다 60여 표를 얻었다는 것은 김구의 정치적 영향력 또한 만만치 않았음을 보여준다.

1948년 7월 24일 74세의 노정치인 이승만은 드디어 중앙청 광장에서 취임식을 통해 초대 대통령에 취임한다.

여러 번 죽었던 이 몸이 하나님 은혜와 동포의 애호로 지금까지 살아 있다가 오늘의 이와 같이 영광스러운 추대를 받아 일편 감격한 마음과 일편 감당키 어려운 책임을 지고 두려운 생각을 금하기 어렵다.

…… 국무총리와 국무위원 조직에 대해서 그간에 여러 가지로 낭설이 유포되었으나 이는 다 추측적 언론에 불과하며 며칠 안으로 결정 공포될 때에는 여론상 추측과는 크게 같지 않을 것이니 부언낭설浮言浪說을 많이 주의하지 않기를 바란다. 우리가 정부를 조직하는 데 제일 중대하게 주의할

바는 두 가지이다. 첫째는 일할 수 있는 기관을 만들 것이다. 둘째는 이 기관이 견고히 서서 흔들리지 아니해야 될 것이다. …… 큰 사람은 능히 큰 자리에도 채울 수 있고 작은 자리에도 채울 수 있을 뿐만 아니라 작은 자리 차지하기를 부끄러워하지 않는다. ……

감격적인 분위기에서 이승만의 이 같은 발언이 의미하는 바를 정확히 이해한 사람은 별로 없었을 것이다. 그러나 그것이 단순한 의례적 표현이 아니었음은 개각 발표 내용에서 명확하게 드러난다.

조각 내용 중에서도 가장 핵심이라 할 수 있는 국무총리의 선임이 큰 관심사였다. 사실 정계는 말할 것도 없고 시중에서도 한민당의 김성수를 가장 유력한 후보로 꼽았다. 그것은 당시 이승만과 한민당의 밀접한 관계를 생각한 데서 나온 것이었다. 그밖에 신익희 국회부의장과 원외 인사였던 조소앙 등이 물망에 오르고 있었다. 여론상 추측은 이 세 사람을 염두에 둔 발언이었다. 7월 27일 이승만은 초대 국무총리를 지명하기 위해 국회에 출석해 다음과 같이 밝혔다.

…… 이 사람의 생각에 국무총리 보담 덜 중요하지 않은 책임을 김성수에게 맡기려는 것이 나의 가장 원하는 바임으로 발표될 때 보면 알려니와 이러한 각오하에서 김성수는 그 자리를 피한 것이다 …… 신익희 …… 누구나 그 분보다 더 낮게 생각할 국무총리 자격이 몇 분 안될 것이며 또 따라서 나의 사분상私分上으로는 수십 년 전부터 깊이 알고 친임親任하며 애중히 여겨오는 터이다. 그러나 우리 정부 3권 분립에 국회가 가장 중요

한 기관으로 …… 조소앙은 …… 불행히 근자에 와서 총회가 선거 문제 이후로 노선이 갈려서 우리 대업에 다소간 방해가 있었고 민심이 따라서 현혹하게 된 것을 우리가 다 불행히 여기는 바이다.

김성수는 이승만 자신이 국무총리라는 허세보다는 앞으로 미국의 경제원조 문제를 전담하게 될 재무장관을 맡기려고 생각했다. 그러나 대통령 이승만을 '얼굴 마담' 정도로 생각하고 사실상 내각책임제의 정부라고 생각했던 한민당에서는 생각이 달랐다. 총리를 비롯해 요직 장관 대여섯 명을 확보함으로써 사실상 내각책임제에 준하는 권력을 장악한다는 구상이었다.

이승만은 세 사람에 대한 평가를 끝낸 후 "국회의원 중 이윤영李允榮의원을 국무총리로 임명한다"고 발표했다. 이에 대한 의원들의 반응은 '경악', '의외' 등 한마디로 이해할 수 없다는 것이었다. 이를 예상했다는 듯 이승만은 이윤영을 선임한 이유를 설명했다.

이 공포에 대해 이윤영 의원이 가장 놀랄 줄 안다. 이 분을 임명하는 나의 이유를 간단히 설명한다. 첫 번째, 총리 임명에 먼저는 국회의원 중으로서 택할 것을 많이 생각한 것이니 민의를 존중히 하고자 하는 본의에서 나온 것이다. 둘째로 이북 대표 한 분이 그 자리를 점령하기를 특별히 관심한 것이다. 여러 가지 급급한 우리 문제 중에 제일 급한 것 은 남북통일 문제이다. 따라서 우리가 무슨 정책을 쓰든지 이북 동포의 합심 협력을 얻지 않고는 되기 어려울 것이다. 더욱이 우리는 먹으나 굶으나 머리 둘

집간이라도 있고 이만치라도 자유 활동하고 살아온 터이나 이북 동포의 냉흉긍측(冷酗矜惻)한 정형은 우리가 밤이나 낮이나 잊을 수 없는 터이다.

이승만으로서는 임정을 대표하는 이시영이 부통령에 당선된 상황에서 북한의 대표성을 보완할 수 있는 인물을 고른다는 차원에서 이윤영을 고른 것이다. 그러나 국회에서는 기독교 신자인 이승만이 목사를 편애해 이윤영을 총리로 지명했다는 의견과 함께 '이윤영'이란 인물의 지명도가 낮았기 때문에 부정적 견해가 지배적이었다. 결국 인준 표결에서 이윤영은 찬성 59표, 반대 132표로 부결되었다.

이에 따라 이승만은 정계에서는 영향력이 별로 없었지만 국민에게는 신망을 얻고 있던 민족청년단의 이범석을 국무총리로 임명했다. 이에 대해서도 반발이 만만치 않았으나 이승만은 이화장으로 국회의 주요 인사들을 불러 개별적 설득 작업을 하는 한편 정부 수립의 시급성을 내세워 '이범석 총리' 안을 관철시킨다. 이제 정부 수립을 위해 남은 것은 각부 장관의 선임이었다.

초대내각에서 건국 동지 한민당의 전격 배제

이윤영 총리 선임의 국회 부결로 파동을 겪은 후 다시 지명한 이범석 총리가 우여곡절 끝에 국회에서 찬성 110표, 반대 84표 무효 3표로 인준된 것은 1948년 8월 2일이었다.

이어 이날 저녁 법무 이인(무소속), 재무 김도연(한민당), 농림 조봉암

(무소속), 교통 민희식(무소속) 등 네 명의 장관 명단이 비공식으로 흘러나왔다. 그리고 3일 오후 라디오 방송을 통해 위의 네 명을 비롯해 내무 윤지영(촉성국민회), 외무 장택상(무소속), 상공 임영신(여자국민당수), 문교 안호상(무소속), 사회 전진한(촉성국민회), 체신 윤석구(무소속) 등의 명단이 발표됐고 국방은 이범석이 겸임케 됐다. 장관 12명 중 원내 인사는 8명, 원외 인사는 4명이었다.

이 중에서 한민당 인사는 원래 이승만이 김성수에게 주려했던 재무장관에 임명된 김도연 한 명뿐이었다. 사실상 한민당을 배제해버렸다. 왜 그랬을까. 그리고 그 의미는 무엇일까.

초대 내각 조각 작업은 이승만이 대통령에 당선된 직후부터 활발하게 진행됐다. 조각 본부였던 이화장에는 주요 정계 인사들이 계속 드나들었다. 이승만은 비밀리에 각각 김성수·조병옥·장택상·서상일·허정·이인 등 한민당 인사와 자신의 노선을 지지했던 인사들에게 추천 명단을 내도록 했다. 그러는 한편 나름대로 조각 명단을 구상해 놓았다.

예를 들어 김성수는 자신의 총리 임명을 전제로 한민당 사람 6명의 각료 명단을 이승만에게 제출했으나 김성수는 총리 임명에서 배제됐고, 한민당 인사는 결국 1명만 지명되고 말았다. 사람들은 당연히 한민당에서 다수가 입각할 것으로 예상했으나 결과는 전혀 다르게 나타났다.

일차적 이유는 자신의 권력에 대한 가장 강력한 위협 세력인 한민당을 견제해야 할 필요성 때문이었다. 한민당이야말로 내각제 구상을 통해 이승만을 무력화시키려 했던 장본인 세력이었기 때문이다. 그러나 이런 차원의 분석만으로는 충분한 설명이 되지 못한다.

이승만은 환국 이후 김구의 임정 세력과 멀어지고 한민당과 손을 잡는 과정에서 듣게 된 "돈과 친일파만을 좋아한다"는 비판을 부담스러워했다. 실제로 한민당은 전통적인 지주 세력을 기반으로 하고 일부 친일파들이 은신처로 삼고 있었기 때문에 한민당과의 유착은 정치 투쟁 과정에서 특별한 자금이나 조직이 없던 이승만에게 상당한 힘을 실어준 것은 사실이었지만 일단 대통령이 된 뒤에는 제거해야 할 대상이었는지도 모른다. 이처럼 이승만에게 한민당과의 결별은 친일세력과 거리 두기라는 의미도 일부 담겨 있었다.

한민당 자체의 한계도 있었다. 먼저 5·10선거의 당선자 현황을 보자. 무소속 85, 대한독립촉성국민회 55, 한국민주당 29, 대동청년단 12, 조선민족청년단 6, 대한노동총연맹 1, 대한독립촉성농민총연맹 2, 기타 10 등이었다. 이것만 놓고 보면 한민당은 29석으로 12.7% 밖에 안된다. 그러나 무소속이나 다른 단체에도 한민당 인사들이 다수 포진해 있었다. 당시 한민당에 대한 국민적 인식이 그렇게 우호적인 것이 아니었기 때문에 다른 단체의 간판을 달고 당선된 인사들이 많았다. 이를 감안할 때 자금과 조직력에서 한민당은 분명 당시의 어느 조직이나 단체보다도 우위에 있었지만 지주 세력과 일부 친일파의 결합체라는 부정적인 대국민 인식이 한계로 작용하고 있었던 것이다.

이승만이 이범석의 총리 인준 직후 가진 기자 회견에서 한민당 인사들의 대거 입각 가능성을 단호하게 부인했다.

내가 기왕 말한 바와 같이 우리나라의 정당 관계에 대한 예규例規가 아직 없으므로 한 정당이 정권을 잡는 것을 피할 것이다.

그렇지 않아도 분단으로 인한 북한 지역의 대표성 문제에서 취약성을 갖고 있었고, 김구 세력의 단정 불참으로 남한 내부에서 조차 상처를 입은 이승만으로서는 가능한 한 광범위한 인재 등용을 통해 초대 내각의 대對국민 설득력을 높이는 일이 절박했다. 이런 와중에 국민의 신망도 떨어지고 지나치게 보수적인 한민당과 유착한다는 것은 '얼굴 마담' 대통령이 아니라 실질적 대통령을 구상하고 있던 이승만에게는 있을 수 없는 일이었다. 그것이 초대 내각 조각 내용에 일차 반영된 것으로 보아야 할 것이다.

다음으로 내각 명단 중에서 눈길을 끄는 인물은 농림의 조봉암이다. 원래 이승만은 조봉암을 잘 알지 못했다. 해방 후 조봉암이 공산주의운동을 했다는 사실을 알고서 더욱 좋게 생각지 않았다. 그러나 제헌국회의 한 회의 때 조봉암의 발언을 듣고 좋은 인상을 받아 눈여겨 두었다가 자신이 직접 조봉암을 장관으로 임명하였다.

여기서 한 가지 짚고 넘어가야 할 사실은 이승만이 순간적 기분으로 조봉암을 초대 농림장관에 앉힌 것은 아니라는 점이다. 정부 수립과 함께 최우선적으로 처리해야 할 일이 농지개혁이었고 한민당의 경우 농지개혁을 반대할 것이 분명한 상황에서 오히려 '급진적' 인사를 농지 개혁을 담당할 농림장관으로 앉힌 이승만의 속뜻은 무엇이었을까. 사실 이승만은 정치적으로는 미국 체제를 우리가 본받아야 할 모범으로 간주했고, 당시의 관점에서는 상당히 보수적 시각을 갖고 있었지만 노동자와

농민의 처지에 대해서는 비교적 진보적인 생각을 갖고 있었다. 이 점은 그가 미국에 있을 때부터 여러 차례 언급을 통해 밝힌 바 있고, 해방 후에도 반복해서 밝혔다. 실제로 이는 농지개혁 과정에서 이승만이 한민당의 지주 중심 농지개혁 방안을 좌절시킨 데서 드러나게 된다. 조봉암을 통해 자신의 지나친 보수 우익 이미지를 완화시킬 의도를 담고 있겠다고 보는 것이 보다 정확한 분석이 될 것이다.

다음은 내무 윤치영, 외무 장택상이라는 정반대의 인선이다. 물론 그것은 경력상으로 그렇다는 말이다. 일반적으로는 미군정에서 경무국장을 지낸 조병옥이나 수도청장을 지낸 장택상이 내무를 맡고 미국에서 이승만의 독립 외교를 도운 적이 있는 윤치영이 외무를 맡게 될 것으로 전망했다. 실제로 서로 사이가 나빴던 조병옥과 장택상은 내무장관이 되려고 많은 노력을 했다. 그러나 내무는 아무래도 측근 인사가 낫겠다고 판단한 이승만은 윤치영에게 내무, 장택상에게 외무를 맡겼다. 조병옥은 일단 대통령 특사로 정부 승인 외교를 담당토록 했다. 조병옥은 한민당 사람이었기 때문에 견제의 의미까지 있었다고 할 수 있다.

또 한 가지 눈길을 끄는 것은 우리나라 최초의 여성 장관인 임영신의 상공장관 임명이다. 원래 상공장관에는 허정이 내정돼 있었다. 그런데 이승만이 환국해 프란체스카가 뒤이어 한국에 올 때까지 가장 가까이에서 보필했을 만큼 이승만을 따랐던 임영신은 정부 수립 이전에 이승만을 도와 임병직과 함께 대미 교섭을 했었다. 그러다가 정부 수립과 함께 급거 귀국해 바로 이화장을 찾아가 각료 명단에 자신의 이름이 없는 것을 보고 항의를 하니까 이승만은 허정의 이름을 지우고 그 자리에 임영신의 이름을 써 넣었다.

　일부 국민들 사이에서 각료 인선이 만족스럽지 못하다는 비난이 일자 이승만은 특유의 현실적 입장을 견지하며 정면으로 반박했다.

　언제는 일본의 학정이 만족스러웠고 미군정이 만족스러워서 살았는가. 이제 나라를 세우고 막 시작하는데 단합하지 않고 시비부터 거는 것은 온당치 못하다.

　친일 경력의 소유자가 일부 각료 중에 포함된 것과 관련해 비판이 제기되기도 했다. 이에 대해 이승만은 악질적인 독립운동 방해자 이외에 친일파란 있을 수 없다며 단호한 입장을 밝혔다. 실제로도 초대내각 각료 중에 친일 경력자는 전혀 없었다.

　초대 내각에 대해 가장 심하게 반발한 것은 말할 것도 없이 한민당이었다. 결국 한민당은 8월 8일 "본당은 신정부에 대하여 시시비비是是非非 주의로서 임할 것이며 정부에 대한 감시를 게을리 하지 않을 것"이라 성명을 발표하고 야당을 자처하고 나섰다.

　그렇다면 이 같은 초대 내각 구성을 어떻게 볼 것인가. 우선 그것은 요즘 유행하는 말로 '거국 내각'의 성격을 갖고 있다고 할 수 있다. 그러나 완전한 의미에서 그런 것은 아니다. 좌익 세력은 무장 노선으로 사실상 정치권에서 떨어져 나갔기 때문에 논외로 친다고 하더라도 김구 세력이 명백하게 참석하지 않았기 때문이다. 따라서 절반의 거국 내각이라고 부를 수 있을 것이다.

결국 8월 15일 중앙청 광장에서 맥아더와 하지가 귀빈으로 참석한 가운데 대한민국 정부 수립 선포식을 갖게 된다. 일제에 의해 나라를 잃은 지 38년, 해방된지 3년 만에 대한민국 건국이 세계만방에 알려지는 순간이었다.

이승만의 죽음

건국대통령으로서 또한 '독재'를 한 대통령으로서 영욕을 겪은 이승만은 1960년 4월 혁명이 일어나 권좌에서 물러나야 했다. 4월 27일 이화장으로 돌아온 이승만은 한 달 후인 5월 29일 오전 김포공항에서 하와이행 비행기에 올랐다. 이 기간 동안 이승만은 이화장에 머물며 일요일에 정동교회를 찾은 것을 제외하면 별다른 활동을 않고 지냈다. 이화장을 찾은 시민들에게 종종 담장으로 나와 "여러분, 우리 집에 놀러들 오시오" 라며 손을 흔들어주기도 했다. 이 무렵 이승만은 측근이었던 오중정吳重政 전 하와이 총영사에게 보낸 5월 8일자 편지에서 심정의 일단一端을 보여주고 있다. 이 편지에는 '내가 평생 우리 민족을 위해 일해 왔다는 것은 오직 시간만이 증명해 줄 것'이라는 구절이 들어 있다.

비행기에 오를 때 이승만은 옷가지를 넣은 트렁크 두 개와 타자기 가방 그리고 식료품을 담은 가방 등 모두 네 개의 가방만을 휴대하고 있었다. 2~3주 정도 쉬고 온다는 게 이승만의 생각이었기 때문이다. 그러나 프란체스카는 그 여행이 상당히 길어질 수도 있다는 것을 알고 있었다. 그는 이미 정부 측의 '외유外遊압력'을 받은 바 있기 때문이다.

미국에 도착한 초기 이승만의 생활에 대해 프란체스카는 회고록 '대통령의 건강'에서 이렇게 적고 있다.

하와이에 도착한 후 독립운동 당시의 옛동지들과 사랑하는 제자들을 만나게 된 대통령은 한결 즐거운 듯했고 건강도 좋아지는 듯 싶었다. 우리는 별장에서 기거하며 옛동지들과 제자들의 방문을 받기도 하고 초대에 나가기도 하였다. 매주 일요일에는 독립운동 당시 대통령이 창립한 한인기독교회에 참석하여 다정한 교우들과 함께 예배를 봤다.

그러나 예정된 2~3주가 훨씬 지나도 귀국이 늦어지자 이승만은 답답해했다. 건강도 악화돼 트리풀러 육군병원을 수시로 찾았다. 이 무렵 이승만이 자신을 찾는 사람들에게 가장 먼저 던진 질문은 "요즘 우리나라는 어떻게 돼가나"였다고 한다. 하와이로 온 지 6개월이 될 때쯤 이승만은 마키키가街 2033번지에 있는 주택으로 거처를 옮긴다. 여기서 이승만은 1년 4개월 동안 생활했다. 이 시기에 대한 프란체스카의 회고이다.

우리의 생활은 몹시 단조로 왔으며 나는 워싱턴에서의 독립운동 시절과 같이 살림을 꾸려 나갔다. 우리를 도와주는 동지들과 제자들에게는 미안한 마음이 들었으나 우리는 이런 생활이나마 허락해주신 하느님께 늘 감사하였다.

이런 가운데 이승만은 1961년 12월 13일 이인수李仁秀(명지대 교수)를 양자로 맞았다. 6대 독자에다가 자식이 없어 늘 외로워했고 한 번 맞았던 양아들 이강석은 비참한 최후를 마쳤기 때문에 새로 양자를 맞은 이승만은 오랜만에 큰 기쁨을 맞볼 수 있었다. 그날 마키키 집에서 양아들 이인수 씨를 맞은 이승만이 던진 첫 질문이다.

이승만 친필

"지금 우리나라는 어떻게 돼가지"

"잘 되어갈 것입니다."

"그래, 나라가 잘 되어간다면 좋은 일이지 …… 그런데 너는 남이 잘 된다, 잘 된다 하는 소리 아예 믿지 마라, 이렇게 절단이 난 걸, 그렇게 우리나라 일이 쉬운 게 아니야."

이 무렵 이승만의 귀국에 대한 열망은 병이 돼가고 있었다. 해가 바뀌어 1962년 이승만의 귀국 열망은 더욱 커져 종종 분노로 표출됐다.

"내가 알고자 하는 것은 누가 나를 여기 데려다 붙잡아 두고 있는가 하는 거야. 괘씸한 놈, 내가 걸어서라도 갈 테다."

노인성 치매현상이 나타났다는 증거이기도 하다.

이에 따라 측근들은 더 이상 미룰 수 없다고 판단하고 귀국을 추진한다. 귀국 예정일은 1962년 3월 17일. 국내에서는 이 박사 환국운동이 일어났다. 그러나 군사 정부는 이승만의 귀국을 꺼렸다. 또 언론들의 반응도 부정적이었다.

　그러나 사정을 모르는 이승만은 출발 예정일이 다가올수록 기분이 좋아져 만나는 사람들에게 "우리 모두 서울 가서 만나세"라며 어린애처럼 좋아했다고 한다. 3월 17일 아침, 출발 준비를 끝내고 출발 시간을 기다리고 있던 이승만에게 김세원金世源 하와이 총영사가 찾아왔다.

　"아직은 본국 실정이 가실만한 때가 아닙니다."

　이 말에 이승만은 눈시울을 붉히며 귀국을 체념했다.

　"내가 가는 것이 나라를 위하여 나쁘다면, 내가 가고 싶어 못 견디는 이 마음을 참아야지 …… 누가 정부 일을 하든지 잘 하기 바라오."

　상심한 87세의 노인 이승만에게 당연히 찾아든 것은 병마病魔인 뇌출혈로 인해 수족이 마비되었다. 이에 따라 이승만은 3월 29일 이승만을 좋아했던 한 미국인 유지의 도움으로 마우나라니 요양원으로 거처를 옮긴다. 동맥경화증도 생겼다. 프란체스카의 간호는 극진했다. 서툰 우리말로 「아리랑」이나 「도라지타령」을 불러줬다. 또 한국 음식을 그리워하는 이승만을 위해 노래도 직접 지어 불러주기도 했다.

　"날마다 날마다 김치찌개 김치국 / 날마다 날마다 콩나물국 콩나물 / 날마다 날마다 두부찌개 두부국 / 날마다 날마다 된장찌개 된장국"

　이런 가운데도 세월은 흘렀다.

　마우나라니 요양원 생활이 3년을 넘긴 1965년 6월 20일 이승만은 위출혈로 피를 토하기 시작했다. 의식도 거의 없어졌다. 계속 위독한 상태에 있던 이승만은 결국 7월 19일 0시 35분 90세로 마지막 숨을 거뒀다.

　21일 오후 8시 40분 영결식이 시작됐다. 이때 거구의 한 미국인이 이승만의 관 앞으로 걸어왔다. 그리고 베일을 걷어내고 이승만의 이마를 손바닥으로 치며 이렇게 울부짖었다.

내가 자네를 안다네! 내가 자네를 알아! 자네가 얼마나 조국을 사랑하고 있는지, 자네가 얼마나 억울한지를 내가 잘 안다네, 친구여! 그것 때문에 자네가 얼마나 고생을 해왔는지, 바로 그 애국심 때문에 자네가 그토록 비난받고 살아온 것을 내가 잘 안다네! 내 소중한 친구여 ……

이인수가 전하는 이 말을 한 주인공은 이승만이 1920년 임시정부 대통령으로 취임하기 위해 상하이로 잠입할 때 배편을 알선해 준 평생친구 보스윅이었다.

문제는 이승만의 국내 장례 절차로 가족들은 국장을 주장했고 정부에서는 국민장으로 할 것을 요구했다. 결국 가족들의 반대로 가족장으로 국내에서 장례를 치렀다. 한인기독교회에서 장례를 마친 이승만의 유해는 그날 밤 11시 미군에서 주선해 준 C-118 군용기에 실려 한국을 향해 출발했다.

다음 글은 이승만의 측근이기도 했고 정치노선을 달리하기도 한 허정 과도정부 수반이 1965년 7월 20일자 『한국일보』에 기고한 추도문이다. 다시 한 번 이승만을 전체로 돌아보는 데 도움이 될 것으로 보아 전문을 싣는다.

불초 허정은 우남 선생의 영정 앞에 엎드려 통곡합니다. 1965년 7월19일 저녁 7시 30분, 이역만리 하와이로부터 선생이 운명하신 비보가 날아든 시각입니다. 이 무슨 청천벽력 같은 부음입니까. 국보간난國步艱難한이 시국에 이 나라 백성들을 뒤로 두고 홀홀이 떠나시다니 하늘도 무심하고 땅도 너무 매정스럽습니다.

민족의 거성이 떨어진 순간 온누리는 대한민국의 국부이시며 아시아의 지도자요. 20세기의 영웅이신 우람 선생의 장서長逝하심을 슬퍼하고 있습니다. "호랑이도 죽을 때는 제 굴을 찾아가 죽는다는데 하물며 남은 여생이 얼마 남지도 않았거늘 언제나 그리운 고국땅에 돌아가서 묻히리 ……" 연전 하와이의 병상에서 몽매불망 조국을 생각하며 눈물 지으시던 그 말씀 아직도 귓전에 선하게 들려오는 듯 합니다.

슬프다. 선생이여, 그토록 아끼고 사랑하시던 조국이건만 살아서 돌아오지 못하고 이제 유명을 달리해서 넋만이 환국하시다니 이를 두고 인생무상이라 하오리까. 다시금 옷깃을 여미고 선생의 생전 발자취를 더듬어 추억함으로써 영결사에 가름하고자 합니다.

선생은 이 나라 민주주의의 확립자이십니다. 비록 몇몇 사람들의 불민한 과오로 하여 국부로서 만민의 추앙을 받는 데 흠을 끼치기는 했을망정 일제의 질곡에서 광복된 조국을 반공 – 반탁 – 자유 – 민주의 독립국가로 창건하여 국기國基를 공고한 반석 위에 세우신 그 위대한 업적은 한국의 근대사를 길이 빛낼 것입니다.

"뭉치면 살고 흩어지면 죽는다"고 하시던 말씀은 바로 선생의 민족적 지도 이념이셨고 오늘과 내일에도 그대로 적용될 우리의 살길입니다. 이 지도 이념은 신탁통치 반대투쟁과 좌우합작 분쇄의 원동력이 되었고 공산오랑캐를 물리치는 저항력이 되었으며 일치단합으로 조국 재건에 매진하는 활력소가 되고 있습니다.

선생은 불요불굴 강력한 지도자였습니다. 민국民國이 서고 선생이 영도하시던 12년간은 일취월장 새로워지는 것이 있었고 서정백기庶敵百機와 민생은 안정으로 굳어져 갔습니다. 오늘날 내우외환이 겹치는 정치세태를 목도할 때마다 선생의 체온이 아쉬운 줄을 느낍니다. 좀더 연부 역강하셔서 이 민족의 삶의 등불이 되어 주셨더라면 얼마나 행복할까 생각하는 것이 부질없는 환상만은 아닐 것입니다.

고금왕래에 인간으로서 결점과 과오가 없는 사람은 없었다고 합니다. 선생 역시 한 세기를 살고 가신 인생이었습니다. 심신이 쇠약한 노령에 이르러 행정수반으로서 과오와 실정을 저지른 바가 없지 않지만 선생이 쌓으신 공적과 대비하면 문제가 되지 않습니다. 감히 말하거니와 광복과 건국의 공훈 그리고 반공애국하시던 그 지도이념에는 어느 누구도 이론을 걸 사람이 없으리라고 확신합니다.

선생은 민의를 존중하는 정치인이었습니다. 부정선거에 항거하는 4·19의 노도가 장안을 휩쓸 때 비로소 민의의 소재를 정확히 파악한 선생은 '부정을 보고 일어서지 않는 백성은 죽은 것'이라고 하시면서 깨끗이 권부를 물어나시지 않았습니까. 젊은 학생들의 애국기상을 가상히 여기시고 "국민이 원한다면 사퇴하겠다"면서 자진해서 대통령직을 내던지고 하야하심은 선생이 아니고서는 하지 못할 결단이었습니다.

선생님인들 그 당시에 마음의 타격을 안 받았을 리 만무합니다. 반생을 살아온 하와이에 가서 잠깐 정양하고 돌아오겠노라는 말씀을 듣고 행정

수반이던 나로서는 단독결단을 내려 그곳으로 떠나시게 했던 것입니다. 1960년 5월 29일 일요일 새벽이었다고 기억됩니다. 김포공항에서 CAT 전세기로 떠나기 직전 선생은 비행기 속에서 나에게 마지막으로 "아이크가 오기 전에 돌아오겠노라"고 말씀하시지 않았습니까. 그 때 신문들은 '구질서의 거대한 1인이 조국을 등지던 날'이나 '침묵과 눈물로써 하늘에 작별했다'고들 썼습니다. 국회에서는 '범인을 도피시켰다'는 이유로 나를 문책하려는 움직임마저 있었기에 나로서는 염량세태, 인심의 야박함을 맛보기도 했습니다.

선생이 물러선 뒤 혼란해진 여건 아래서 과정過政을 맡은 나는 "비혁명적인 방법으로 혁명 과업을 완수하겠다"는 생각으로 3개월 동안 내각책임제인 새 질서의 산파역을 수합하면서도 언제나 선생의 치국대도治國大道를 본받으려 했었지만 감히 범인이 따르기 어려움을 체감했습니다.

12년 집권하는 동안 선생은 한국의 호랑이니 늙은 타이거로 불리었지만 내가 아는 우남은 지나치게 유순한 호호야好好爺였습니다. 기분이 좋을 때면 춘풍같이 부드러운 마음씨였고 20~30세나 어린 연하자에게도 반드시 공대를 하며 사람의 방문을 받을 때엔 꼭 자리에서 일어나 맞이했습니다.

그러나 부정이나 거짓을 보면 육친이라도 용서함이 없는 반면 옳은 일, 곧은 말이면 삼척동자의 말이라도 곧이 듣는 성미였습니다. 조크를 잘 하기로 으뜸이었지만 '고집쟁이'로도 유명했습니다.

장관을 해임할 때도 직접 담화를 쓰지 아니하고 "그동안 수고했으니 좀 나가서 쉬게" 하는 식으로 둘러대서 얘기하는 바람에 여러 사람이 어리둥

절한 적이 있었던 것으로 압니다. 부드럽고 자애롭고 유머 센스가 풍부한 어른이시면서도 한 번 화를 내시면 호랑이처럼 무섭기도 했습니다.

국내 여론을 살피고 바른 소리 들으려고 무척 애를 쓰셨지만 선생 내외분은 영어에 능통한 반면 우리말이 서툴러서 국내 신문을 잘 읽지 못하여 다소 민정民情에 어두웠던 것이 사실이었습니다. 소위 '인의 장막'이란 것이 없었다고 할 수 없지만 되도록 여러 사람의 말에 귀를 기울였고 '옳은 사람' 뽑겠다는 일념에서 인물 천거함까지 설치한 적이 있었지만 좋았던 아이디어에 비겨 그 결과는 신통치 않았던 것도 사실입니다.

진언을 받으면 메모하고 유익한 일이면 미루지 않고 즉석 결단으로 실천하는 장점이 있는 반면 '누가 나쁜 짓 했다'는 보고나 참소를 들으면 불문곡직하고 목부터 베어놓고 연후에 진부眞否를 가려내는 수가 적잖았습니다. 흔히 선생을 두고 독재자라고도 했지만 미국서 수학하신 선생은 독재자는커녕 분명한 자유민주주의의 신봉자였습니다.

오히려 우유부단한 면까지 없지 않았습니다. 선생의 몸가짐은 서구식 신사이면서도 시대감각이 다르고 사고방식이 고전적이어서 제왕처럼 군림하는 자세를 지녔던 것이 흠이라면 흠이었을 뿐입니다.

자료

- 『독립신문』, 『협성회회보』, 『매일신문』, 『황성신문』, 『제국신문』, 『대한매일신보』, 『매일신보』, 『신한민보』, 『동아일보』, 『조선일보』, 『국민보』, 『경향신문』, 『중앙일보』.
- 『대조선독립협회회보』, 『대한자강회월보』, 『대한협회회보』, 『서북학회월보』, 『학지광』, 『동광』.
- 독립운동사편찬위원회, 『독립운동사자료집』 7·9, 1973·1975.
- 연세대 현대한국연구소, 『우남 이승만문서(동문편)』, 1998.
- 연세대 현대한국연구소, 『이승만 동문 서한집』, 2009.
- 이승만, 『독립정신』, 1905.

단행본

- 강원용, 『역사의 언덕에서 1 – 엑소더스』, 한길사, 2003.
- 고정휴, 『이승만과 한국독립운동』, 연세대출판부, 2004.
- 김수자, 『이승만의 집권초기 권력기반 연구』, 경인문화사, 2005.
- 김영호 편, 『대한민국 건국 60년의 재인식』, 기파랑, 2008.
- 김학준, 『서양정치학 수용 연구 – 유길준·안국선·이승만을 중심으로』, 서울대출판부, 2000.
- 도진순, 『한국민족주의와 남북관계 – 이승만·김구 시대의 정치사』, 서울대출판부, 1997.
- 서중석, 『이승만의 정치 이데올로기』, 역사비평사, 2005.

- 서중석, 『한국근현대의 민족문제연구』, 지식산업사, 1989.
- 손세일, 『이승만과 김구』 1 - 3, 나남, 2008.
- 송건호 외, 『해방전후사의 인식』 1, 한길사, 2004.
- 역사문제연구소, 『한국현대사의 라이벌』, 1992.
- 연세대 국학연구원, 『미주 한인의 민족운동』, 혜안, 2003.
- 유영익 외, 『이승만과 대한민국임시정부』, 연세대출판부, 2009.
- 유영익, 『이승만의 삶과 꿈』, 중앙일보사, 1996.
- 유영익, 『젊은날의 이승만』, 연세대출판부, 2002.
- 윤성렬, 『도포입고 ABC 갓 쓰고 맨손체조 : 배재학당 이야기』, 학민사, 2004.
- 이승만박사기념사업회, 『우남실록 1945~1948』, 열화당, 1976.
- 이정식, 『해방30년사 ; 제2공화국』 3, 성문각, 1976.
- 이한우, 『우남 이승만, 대한민국을 세우다』, 해냄, 2008.
- 정병준, 『우남 이승만 연구』, 역사비평사, 2005.
- 정병준, 『이승만의 독립노선과 정부수립 운동』, 서울대박사학위논문, 2000.
- 로버트 올리버(황정일 역), 『이승만 - 신화에 가린 인물』, 건국대출판부, 2002.
- 이정식(권기붕 역), 『초대 대통령 이승만의 청년시절』, 동아일보사, 2002.
- 윌리엄 스툭(신은경 역), 『한국전쟁과 미국 외교정책』, 나남, 2005.

논문

- 강혜경, 「국가형성기(1948~1950) 이승만정권의 행정기구 구성과 관료충원연구」, 『국사관논총』 79, 국사편찬위원회, 1998.
- 고정휴, 「개화기 이승만의 사상형성과 활동; 1875~1904」, 『역사학보』 109, 1986.
- 김수자, 「1948년 이승만의 초대 내각구성 성격」, 『이화사학연구』 23 · 24,

이화사학연구소, 1997.

- 서정주, 「우남 이승만과 나」, 『월간조선』, 1995.
- 오영섭, 「이승만의 대한민국임시정부 통치구상」, 『한국민족운동사연구』 61, 한국민족운동사학회, 2009.
- 유영익, 「이승만의 건국사상」, 『한국사 시민강좌』 17, 일조각, 1995.
- 이덕희, 「이승만과 하와이 감리교회, 그리고 갈등 – 1913~1918」, 『한국기독교와 역사』 21, 한국기독교역사연구소, 2004.
- 이인수, 「우남 이승만」, 『한국현대인물론』 1, 을유문화사, 1987.
- 정병준, 「1919년 이승만의 임정 대통령 자임과 '한성정부' 법통론」, 『한국독립운동사연구』 16, 한국독립운동사연구소, 2001.
- 정병준, 「해방 직후 이승만의 귀국과 동경회합」, 『한국민족운동사연구』, 우송조동걸선생정년기념논총간행위원회, 1997.
- 홍선표, 「1910년대 후반 하와이 한인사회의 동향과 대한인국민회의 활동」, 『한국독립운동사연구』 8, 한국독립운동사연구소, 1994.
- 올리버, 「이승만의 건국투쟁」, 『월간중앙』, 1995.

대한민국을 세운 독립운동가 이승만

1판 1쇄 인쇄 2014년 9월 15일
1판 2쇄 발행 2020년 8월 15일

글쓴이   이한우
기 획   독립기념관 한국독립운동사연구소
펴낸이   주혜숙
펴낸곳   역사공간
          주소: 04000 서울특별시 마포구 동교로19길 52-7 PS빌딩 4층
          전화: 02-725-8806
          팩스: 02-725-8801
          E-mail: jhs8807@hanmail.net
          등록: 2003년 7월 22일 제6-510호

ISBN 978-89-90848-84-0 03900

역사공간이 펴내는 '한국의 독립운동가들'

독립기념관은 독립운동사 대중화를 위해 향후 10년간 100명의 독립운동가를 선정하여,
그들의 삶과 자취를 조명하는 열전을 기획하고 있다.